SE 07

Curso

*La diferencia entre aprobar
y sacar plaza*

Técnico/a Especialista en Laboratorio

SERVICIO CANARIO DE SALUD

Si aún no dispones de tu **Curso MAD360**, te ofrecemos un acceso GRATIS de 30 días para que disfrutes de los siguientes recursos:

- Técnicas de Memoria 360.
- MAD1EST: Test *online* Nivel PRO.
- Temario en formato digital.
- Planificación de estudio.
- Foro entre opositores hasta la fecha del examen.*
- Recursos y novedades exclusivas.
- Consúltanos sobre tu oposición y proceso selectivo.
- Actualizaciones legislativas (Boletines Oficiales) hasta 60 días antes de la fecha del examen.*

Para acceder a esta prueba del Curso MAD360** será necesaria la compra de todos los libros para esta especialidad de la edición 2025.

Regístrate en **mad.es/iniciar-sesion** y en la pestaña MIS CURSOS valida los códigos que encuentras en la última página de tus libros.

NOTA IMPORTANTE:

* Examen de esta categoría profesional correspondiente a la convocatoria publicada en el BOC n.º 116, de 13 de junio de 2025, o hasta el 31 de octubre de 2026, lo que se cumpla antes, y previa renovación del servicio.

** El acceso al CURSO MAD360 estará disponible desde octubre de 2025 (algunos recursos podrían estar disponibles en fecha posterior). Tendrá una duración de 30 días RENOVABLES mediante pago, desde la validación de códigos, o hasta el 30 de abril de 2027, lo que se cumpla antes.

MAD se reserva el derecho a ampliar dichas fechas.

Técnico/a Especialista en Laboratorio del Servicio Canario de Salud

Septiembre 2025

Técnico/a Especialista en Laboratorio del Servicio Canario de Salud

Test del Temario

Autores

M.ª DEL CARMEN SILVA GARCÍA
Técnica Superior en Laboratorio de Diagnóstico Clínico
Diplomada Universitaria en Enfermería

M.ª JOSÉ GARCÍA BERMEJO
Técnica Superior en Laboratorio de Diagnóstico Clínico
Licenciada en Biología

FRANCISCO JESÚS TORRES FONSECA
Licenciado en Derecho

© 7 Editores Recursos para la Cualificación Profesional y el Empleo, S.L. (7 Editores)
© Los autores
Primera edición, septiembre 2025 (234 páginas)
Derechos de edición reservados a favor de 7 Editores
IMPRESO EN ESPAÑA
Diseño Portada: 7 Editores
Edita: 7 Editores
Avda. San Francisco Javier, 9 · Edificio Sevilla 2 · Planta 11 · Módulos 25-27 · 41018 Sevilla
Teléfono: 954 784 411 · WEB: www.mad.es · e-mail: administracion@7editores.com
ISBN: 978-84-142-9800-8
© "Editorial Mad" y "Eduforma" son nombres comerciales registrados de
7 Editores Recursos para la Cualificación Profesional y el Empleo, S.L.

Índice

TEST N.º 1

La Constitución española: Derechos y Deberes fundamentales de los españoles. El derecho a la protección de la salud en la Constitución española y en la Ley 14/1986, de 25 de abril, General de Sanidad

1. ¿En qué se fundamenta la Constitución Española?

a) En un Estado social y democrático de Derecho.
b) En la indisoluble unidad de la Nación española.
c) En la independencia de los poderes del Estado.
d) En la organización territorial del Estado.

2. Según el artículo 3 de la CE, el castellano es la lengua oficial del Estado y todos los españoles:

a) Tienen el deber de usar y el derecho de conocer el castellano.
b) Tienen el derecho y el deber de conocer el castellano.
c) Tienen el deber de conocer y el derecho de usar el castellano.
d) Tienen el derecho de conocer y usar el castellano.

3. La Constitución Española reconoce y garantiza el derecho a la autonomía:

a) De las nacionalidades que la integran.
b) De las regiones que la integran.
c) De las Comunidades Autónomas que la integran.
d) De las nacionalidades y regiones que la integran.

4. El Preámbulo de la Constitución:

a) Tiene en sí carácter de norma jurídica.
b) Es una declaración de intenciones, destinada a interpretar lo que se quiere alcanzar con el contenido normativo de la Constitución.
c) Se trata de un texto sin fuerza jurídica de obligar.
d) Las respuestas b) y c) son correctas.

5. Señala la afirmación correcta, respecto de la aprobación, ratificación y publicación de la Constitución Española:

a) Aprobada por las Cortes el 31 de octubre de 1978, ratificada por el pueblo en referéndum el 6 de diciembre de 1978 y publicada el 29 de diciembre de 1978.
b) Aprobada por las Cortes el 30 de octubre de 1978, ratificada por el pueblo en referéndum el 16 de diciembre de 1978 y publicada el 27 de diciembre de 1978.
c) Aprobada por las Cortes el 31 de octubre de 1978, ratificada por el pueblo en referéndum el 16 de diciembre de 1978 y publicada el 29 de diciembre de 1978.
d) Aprobada por las Cortes el 10 de octubre de 1978, ratificada por el pueblo en referéndum el 26 de diciembre de 1978 y publicada el 30 de diciembre de 1978.

6. ¿En qué parte de la Carta Magna se establece la exposición de motivos que impulsan la norma constitucional y los objetivos que con ella se pretenden alcanzar?

a) En el Título preliminar.
b) En el Preámbulo.
c) En el Título I.
d) En el Título II.

7. La Constitución Española fue sancionada por:

a) El Rey.
b) El Presidente del Congreso.
c) Las Cortes Generales.
d) El Presidente del Gobierno.

8. ¿Cuáles de los siguientes españoles de origen pueden ser privados de su nacionalidad?

a) Exclusivamente los miembros de grupos terroristas.
b) Los miembros de grupos terroristas y los que atenten contra el Rey u otro miembro de la Casa Real.
c) Los que atenten contra un miembro de la Familia Real o del Gobierno de la Nación.
d) Ningún español de origen podrá ser privado de su nacionalidad.

9. Según la CE son fundamentos del orden político y la paz social:

a) La dignidad de la persona, los derechos violables que les son inherentes y el respeto a la ley.
b) La dignidad de la persona, el desarrollo limitado de la personalidad y el respeto a la ley.
c) El respeto a la ley, a los reglamentos administrativos y demás disposiciones legales.
d) La dignidad de la persona, los derechos inviolables que le son inherentes, el libre desarrollo de su personalidad, el respeto a la ley y a los derechos de los demás.

10. ¿Cuál de los siguientes es considerado por la CE como uno de los valores superiores del ordenamiento jurídico?

a) La jerarquía normativa.
b) El pluralismo político.
c) La publicidad normativa.
d) La equidad.

11. La forma política del Estado español es:

a) Democracia parlamentaria.
b) Gobierno parlamentario.
c) Monarquía parlamentaria.
d) República democrática.

12. La parte de la CE que regula la estructura de los principales órganos del Estado recibe el nombre de:

a) Parte dogmática.
b) Parte orgánica.
c) Parte estatal.
d) Parte estructural.

En MADTEST tienes **más preguntas de este tema, comentadas y argumentadas**, y todos tus avances quedan registrados y se reflejan en el ranking.

¡Supera tus límites con MADTEST!

A continuación te presentamos algunos ejemplos de preguntas comentadas:

13. Según la CE, la soberanía nacional:

a) Corresponde a las Cortes Generales, al estar compuestas por los representantes del pueblo.
b) Corresponde al Rey.
c) Reside en el pueblo español.
d) Corresponde al Gobierno de la Nación elegido directamente por el pueblo.

Respuesta Correcta: c) Reside en el pueblo español.

El art. 1.2 CE: "La soberanía nacional reside en el pueblo español, del que emanan los poderes del Estado."

14. El derecho a la propiedad en nuestra Constitución es un Derecho:

a) Inherente a la condición humana.
b) Absoluto.
c) Limitado por la función social del mismo.
d) Ninguna de las respuestas anteriores es correcta.

Respuesta Correcta: c) Limitado por la función social del mismo.

El art. 33.2 CE: "La función social de estos derechos delimitará su contenido, de acuerdo con las leyes."

15. ¿En qué parte de la Carta Magna se señalan los valores superiores del ordenamiento jurídico?

a) En el Preámbulo.
b) En el Título Preliminar.
c) En el Título I.
d) Ninguna respuesta es correcta.

Respuesta Correcta: b) En el Título Preliminar.

El art. 1.1 CE establece que el Estado se fundamenta en la libertad, justicia, igualdad y pluralismo político, valores superiores del ordenamiento.

Solución al test n.º 1

1. b) En la indisoluble unidad de la Nación española.

2. c) Tienen el deber de conocer y el derecho de usar el castellano.

3. d) De las nacionalidades y regiones que la integran.

4. d) Las respuestas b) y c) son correctas.

5. a) Aprobada por las Cortes el 31 de octubre de 1978, ratificada por el pueblo en referéndum el 6 de diciembre de 1978 y publicada el 29 de diciembre de 1978.

6. b) En el Preámbulo.

7. a) El Rey.

8. d) Ningún español de origen podrá ser privado de su nacionalidad.

9. d) La dignidad de la persona, los derechos inviolables que le son inherentes, el libre desarrollo de su personalidad, el respeto a la ley y a los derechos de los demás.

10. b) El pluralismo político.

11. c) Monarquía parlamentaria.

12. b) Parte orgánica.

13. c) Reside en el pueblo español.

14. c) Limitado por la función social del mismo.

15. b) En el Título Preliminar.

TEST N.º 2

Estatuto de Autonomía de Canarias:
Derechos, deberes y principios rectores

1. Qué artículo del Estatuto establece que Canarias es un archipiélago atlántico con derecho a autogobierno:

a) Fl art. 2.
b) El art. 5.
c) El art. 1.
d) El art. 3.

2. Cuántas islas con administración propia conforman Canarias:

a) Seis.
b) Siete.
c) Ocho.
d) Nueve.

3. Qué título regula las disposiciones generales del Estatuto de Autonomía:

a) El Título I.
b) El Título Preliminar.
c) El Título II.
d) El Título III.

4. Cuál es la festividad institucional de Canarias:

a) 1 de mayo.
b) 30 de abril.
c) 30 de mayo.
d) 15 de junio.

5. En qué artículo se reconoce la lejanía e insularidad de Canarias

a) En el art. 4.
b) En el art. 3.
c) En el art. 6.
d) En el art. 8.

6. Cuál es el lema que aparece en el escudo de Canarias:

a) Atlántico.
b) Océano.
c) Soberanía.
d) Insularidad.

7. Qué artículo regula la capitalidad compartida de Canarias:

a) El art. 1.
b) El art. 5.
c) El art. 7.
d) El art. 6.

8. Dónde tiene sede el Parlamento de Canarias:

a) Santa Cruz de Tenerife.
b) Las Palmas de Gran Canaria.
c) La Laguna.
d) Arrecife.

9. Qué isla depende administrativamente del Cabildo de Lanzarote:

a) El Hierro.
b) La Graciosa.
c) Fuerteventura.
d) Lobos.

10. Qué título regula los derechos, deberes y principios rectores:

a) El Título I.
b) El Título II.
c) El Título III.
d) El Título IV.

11. Qué artículo define la condición política de canarios:

a) El art. 5.
b) El art. 6.

c) El art. 7.
d) El art. 8.

12. Cuántas franjas tiene la bandera de Canarias:

a) Dos.
b) Tres.
c) Cuatro.
d) Cinco.

En MADTEST tienes **más preguntas de este tema, comentadas y argumentadas**, y todos tus avances quedan registrados y se reflejan en el ranking.

¡Supera tus límites con MADTEST!

A continuación te presentamos algunos ejemplos de preguntas comentadas:

13. En qué artículo se regula el derecho a la igualdad entre mujeres y hombres:

a) En el art. 15.
b) En el art. 16.
c) En el art. 17.
d) En el art. 18.

Respuesta Correcta: c) En el art. 17.

El art. 17 la Ley Orgánica 1/2018, de 5 de noviembre, de reforma del Estatuto de Autonomía de Canarias regula el derecho a la igualdad entre mujeres y hombres, disponiendo:

1. Los poderes públicos canarios garantizarán la igualdad efectiva entre mujeres y hombres en el ámbito público y privado, y velarán por la conciliación de la vida familiar y profesional.

2. Se adoptarán medidas efectivas para educar en valores de igualdad, no sexistas, así como políticas y acciones activas que proporcionen a las mujeres protección integral a las víctimas de la violencia machista, prestando especial atención a las medidas preventivas.

14. Qué artículo garantiza el derecho de acceso a la vivienda:

a) El art. 20.
b) El art. 21.

c) El art. 22.
d) El art. 23.

Respuesta Correcta: c) El art. 22.

Dispone el art. 22 de la Ley Orgánica 1/2018, de 5 de noviembre cuando regula el derecho de acceso a la vivienda que los poderes públicos canarios deberán garantizar el derecho de todas las personas a una vivienda digna y regular su función social, mediante un sistema de promoción pública, en condiciones de igualdad y en los términos que establezcan las leyes, poniendo especial atención sobre aquellos colectivos sociales más vulnerables. Se regulará el uso del suelo de acuerdo con el interés general para evitar la especulación.

15. Quién garantiza las políticas para las personas con discapacidad:

a) Los cabildos insulares.
b) Los poderes públicos canarios.
c) El Gobierno del Estado.
d) La Unión Europea.

Respuesta Correcta: b) Los poderes públicos canarios.

A tenor del art. 16.2 de la Ley Orgánica 1/2018, de 5 de noviembre, los poderes públicos promoverán activamente el derecho de las personas en situación de discapacidad o de dependencia a acceder en términos de igualdad y sin discriminación alguna al ejercicio de sus derechos, garantizando su desarrollo personal y social.

Solución al test n.º 2

1. c) El art. 1.

2. b) Siete.

3. b) El Título Preliminar.

4. c) 30 de mayo.

5. b) En el art. 3.

6. b) Océano.

7. b) El art. 5.

8. a) Santa Cruz de Tenerife.

9. b) La Graciosa.

10. a) El Título I.

11. b) El art. 6.

12. b) Tres.

13. c) En el art. 17.

14. c) El art. 22.

15. b) Los poderes públicos canarios.

TEST N.º 3

**Ley 31/1995, de 8 de noviembre de Prevención
de Riesgos Laborales: Derechos y obligaciones**

1. Los representantes de los trabajadores con competencia en materia de prevención de riesgos laborales son:

a) Los miembros de la Junta de personal, Junta Facultativo y Junta de Enfermería.
b) Los técnicos de prevención de riesgos laborales.
c) El Servicio de Medicina Preventiva.
d) Los delegados de prevención.

2. ¿Qué se entiende por "riesgo laboral"?

a) La posibilidad de que un trabajador sufra un determinado daño derivado del trabajo.
b) La posibilidad de que un trabajador sufra una enfermedad en el trabajo.
c) La posibilidad de que un trabajador sufra acoso.
d) El riesgo que supone el ir a trabajar.

3. Indica cuál es la definición de prevención:

a) La probabilidad racional de que un riesgo se materialice de forma inminente.
b) El estudio de los procesos potencialmente peligrosos para el trabajo.
c) Conjunto de actividades o medidas adoptadas o previstas en todas las fases de actividad de la empresa con el fin de evitar o disminuir los riesgos derivados del trabajo.
d) Posibilidad de que un trabajador sufra un determinado daño derivado del trabajo.

4. Según recoge el artículo 4 de la Ley 31/1995, quedan específicamente incluidas en la definición de condición de trabajo:

a) Las características particulares de los locales, instalaciones, equipos, productos y demás útiles existentes en el centro de trabajo.
b) La naturaleza de los agentes físicos, químicos y biológicos presentes en el ambiente de trabajo y sus correspondientes intensidades, concentraciones o niveles de presencia.
c) Los procedimientos para la utilización de los agentes citados anteriormente que no influyan en la generación de los riesgos mencionados.
d) Todas aquellas otras características del trabajo, excluidas las relativas a su organización y ordenación, que influyan en la magnitud de los riesgos a que esté expuesto el trabajador.

5. ¿Cuál es la vigente Ley de Prevención de Riesgos Laborales?

a) Ley 32/1995, de 8 de noviembre.
b) Ley 30/1996, de 8 de noviembre.
c) Ley 31/1995, de 6 de noviembre.
d) Ley 31/1995, de 8 de noviembre.

6. Entre los principios de la acción preventiva recogidos por el artículo 15 de la Ley de Prevención de Riesgos Laborales, no figura:

a) Evitar los riesgos.
b) Evaluar los riesgos que se puedan evitar.
c) Tener en cuenta la evolución de la técnica.
d) Dar las debidas instrucciones a los trabajadores.

7. En las empresas de hasta 30 trabajadores el Delegado de Prevención será:

a) El propio empresario.
b) El trabajador más antiguo.
c) El trabajador de mayor cualificación.
d) El delegado de personal.

8. Según la Ley de Prevención de Riesgos Laborales, se constituirá un Comité de Seguridad y Salud en todas las empresas o centros de trabajo que cuenten con:

a) 30 o más trabajadores.
b) 50 o más trabajadores.
c) 75 o más trabajadores.
d) 100 o más trabajadores.

9. La evaluación de los riesgos laborales es:

a) Es un proceso técnico en la organización del trabajo.
b) Un proceso dirigido a estimar la magnitud de los riesgos que no hayan podido evitarse.
c) Es un procedimiento estático.
d) Es una práctica para el control y la protección de los trabajadores.

10. En los casos de concurrencia de trabajadores de varias empresas en un centro de trabajo cuando existe un empresario principal, uno de los deberes de vigilancia por parte de este, consistirá en:

a) Impulsar la regulación de esquemas organizativos, que eviten los accidentes de trabajo.
b) Comprobar que las empresas contratistas y subcontratistas concurrentes en su centro de trabajo han establecido los necesarios medios de coordinación entre ellas.

c) Asegurar la correcta utilización por parte de los trabajadores de las empresas concurrentes de los correspondientes dispositivos de seguridad disponibles.

d) Asegurarse de que los trabajadores concurrentes disponen de la formación preventiva correspondiente.

11. Cuando los trabajadores estén expuestos a un riesgo grave e inminente con ocasión de su trabajo, y el empresario no adopte o no permita la adopción de las medidas necesarias para garantizar la seguridad y la salud de los trabajadores, la Ley 31/1995, de 8 de noviembre, de Prevención de Riesgos Laborales prevé:

a) Los trabajadores afectados podrán paralizar la actividad.

b) El órgano de representación del personal instará formalmente al empresario a la adopción de las medidas necesarias.

c) Los Delegados de Prevención lo comunicarán a la autoridad laboral, que adoptará las medidas necesarias.

d) El órgano de representación de personal podrá acordar la paralización de la actividad.

12. Según establece el art. 4 de la Ley 31/1995, de 8 de noviembre, de Prevención de Riesgos Laborales, se define como daños derivados del trabajo:

a) La posibilidad de que un trabajador sufra un determinado daño derivado del trabajo.

b) El que resulte probable racionalmente que se materialice en un futuro inmediato y pueda suponer y pueda suponer un daño grave para la salud de los trabajadores.

c) Las enfermedades, patologías o lesiones sufridas con motivo u ocasión del trabajo.

d) Cualquier máquina, aparato, instrumento o instalación utilizada en el trabajo.

En MADTEST tienes **más preguntas de este tema, comentadas y argumentadas**, y todos tus avances quedan registrados y se reflejan en el ranking.

¡Supera tus límites con MADTEST!

A continuación te presentamos algunos ejemplos de preguntas comentadas:

13. El art. 23 de la LPRL establece la documentación que el empresario debe elaborar y conservar a disposición de la autoridad laboral. De las siguientes no está incluido:

a) El Plan de prevención de riesgos laborales.

b) Evaluación de los riesgos para la seguridad y la salud en el trabajo.

c) La planificación de la actividad laboral.

d) La relación de accidentes de trabajo y enfermedades profesionales que hayan causado al trabajador una incapacidad laboral superior a un día de trabajo.

Respuesta Correcta: c) La planificación de la actividad laboral.

Según el artículo 23.1 de la Ley 31/1995, de 8 de noviembre, de Prevención de Riesgos Laborales, el empresario deberá elaborar y conservar a disposición de la autoridad laboral la siguiente documentación relativa a las obligaciones establecidas en los artículos anteriores:

a) Plan de prevención de riesgos laborales, conforme a lo previsto en el apartado 1 del artículo 16 de esta ley.

b) Evaluación de los riesgos para la seguridad y la salud en el trabajo, incluido el resultado de los controles periódicos de las condiciones de trabajo y de la actividad de los trabajadores, de acuerdo con lo dispuesto en el párrafo a) del apartado 2 del artículo 16 de esta ley.

c) Planificación de la actividad preventiva, incluidas las medidas de protección y de prevención a adoptar y, en su caso, material de protección que deba utilizarse, de conformidad con el párrafo b) del apartado 2 del artículo 16 de esta ley.

d) Práctica de los controles del estado de salud de los trabajadores previstos en el artículo 22 de esta Ley y conclusiones obtenidas de los mismos en los términos recogidos en el último párrafo del apartado 4 del citado artículo.

e) Relación de accidentes de trabajo y enfermedades profesionales que hayan causado al trabajador una incapacidad laboral superior a un día de trabajo. En estos casos el empresario realizará, además, la notificación a que se refiere el apartado 3 del presente artículo.

14. El art. 29 de la LPRL establece las obligaciones de los trabajadores en materia de prevención de riesgos. De las siguientes no se considera una obligación del trabajador:

a) Utilizar correctamente los medios y equipos de protección facilitados por el empresario, de acuerdo con las instrucciones recibidas de este.

b) Usar adecuadamente, de acuerdo con su naturaleza y los riesgos previsibles, las máquinas, aparatos, herramientas, sustancias peligrosas, equipos de transporte y, en general, cualesquiera otros medios con los que desarrollen su actividad.

c) Informar de inmediato a su superior jerárquico directo, y a los trabajadores designados para realizar las actualizaciones que consideren oportunas en el equipo de protección individual.

d) No poner fuera de funcionamiento y utilizar correctamente los dispositivos de seguridad existentes o que se instalen en los medios relacionados con su actividad o en los lugares de trabajo en los que esta tenga lugar.

Respuesta Correcta: c) Informar de inmediato a su superior jerárquico directo, y a los trabajadores designados para realizar las actualizaciones que consideren oportunas en el equipo de protección individual.

Según el artículo 29 de la Ley 31/1995, de 8 de noviembre, de Prevención de Riesgos Laborales:

1. (…)

2. Los trabajadores, con arreglo a su formación y siguiendo las instrucciones del empresario, deberán en particular:

    1.º Usar adecuadamente, de acuerdo con su naturaleza y los riesgos previsibles, las máquinas, aparatos, herramientas, sustancias peligrosas, equipos de transporte y, en general, cualesquiera otros medios con los que desarrollen su actividad.

    2.º Utilizar correctamente los medios y equipos de protección facilitados por el empresario, de acuerdo con las instrucciones recibidas de este.

    3.º No poner fuera de funcionamiento y utilizar correctamente los dispositivos de seguridad existentes o que se instalen en los medios relacionados con su actividad o en los lugares de trabajo en los que esta tenga lugar.

    4.º Informar de inmediato a su superior jerárquico directo, y a los trabajadores designados para realizar actividades de protección y de prevención o, en su caso, al servicio de prevención, acerca de cualquier situación que, a su juicio, entrañe, por motivos razonables, un riesgo para la seguridad y la salud de los trabajadores.

    5.º Contribuir al cumplimiento de las obligaciones establecidas por la autoridad competente con el fin de proteger la seguridad y la salud de los trabajadores en el trabajo.

    6.º Cooperar con el empresario para que este pueda garantizar unas condiciones de trabajo que sean seguras y no entrañen riesgos para la seguridad y la salud de los trabajadores.

3. (…)

15. Podrán realizar el plan de prevención de riesgos laborales, la evaluación de riesgos y la planificación de la actividad preventiva de forma simplificada, en atención a la naturaleza y peligrosidad de las actividades realizadas, empresas cuyo número de trabajadores no exceda de:

a) 30.
b) 50.
c) 80.
d) 100.

Respuesta Correcta: b) 50.

Según el artículo 2.4 del RD 39/1997, de 17 de enero, por el que se aprueba el Reglamento de los Servicios de Prevención, las empresas de hasta 50 trabajadores que no desarrollen actividades del anexo I podrán reflejar en un único documento el plan de prevención de riesgos laborales, la evaluación de riesgos y la planificación de la actividad preventiva.

Este documento será de extensión reducida y fácil comprensión, deberá estar plenamente adaptado a la actividad y tamaño de la empresa y establecerá las medidas operativas pertinentes para realizar la integración de la prevención en la actividad de la empresa, los puestos de trabajo con riesgo y las medidas concretas para evitarlos o reducirlos, jerarquizadas en función del nivel de riesgos, así como el plazo para su ejecución.

Solución al test n.º 3

1. d) Los delegados de prevención.

2. a) La posibilidad de que un trabajador sufra un determinado daño derivado del trabajo.

3. c) Conjunto de actividades o medidas adoptadas o previstas en todas las fases de actividad de la empresa con el fin de evitar o disminuir los riesgos derivados del trabajo.

4. b) La naturaleza de los agentes físicos, químicos y biológicos presentes en el ambiente de trabajo y sus correspondientes intensidades, concentraciones o niveles de presencia.

5. d) Ley 31/1995, de 8 de noviembre.

6. b) Evaluar los riesgos que se puedan evitar.

7. d) El delegado de personal.

8. b) 50 o más trabajadores.

9. b) Un proceso dirigido a estimar la magnitud de los riesgos que no hayan podido evitarse.

10. b) Comprobar que las empresas contratistas y subcontratistas concurrentes en su centro de trabajo han establecido los necesarios medios de coordinación entre ellas.

11. d) El órgano de representación de personal podrá acordar la paralización de la actividad.

12. c) Las enfermedades, patologías o lesiones sufridas con motivo u ocasión del trabajo.

13. c) La planificación de la actividad laboral.

14. c) Informar de inmediato a su superior jerárquico directo, y a los trabajadores designados para realizar las actualizaciones que consideren oportunas en el equipo de protección individual.

15. b) 50.

TEST N.º 4

Epidemiología y método epidemiológico. Epidemiología de las enfermedades transmisibles. Infección nosocomial: barreras higiénicas. Consecuencias de las infecciones nosocomiales. Gestión de residuos sanitarios: clasificación, transporte, eliminación y tratamiento

1. ¿Cuál es el objetivo principal de la vigilancia epidemiológica en centros sanitarios?

a) Prevenir y controlar la aparición de brotes infecciosos.
b) Estimar la prevalencia de cánceres hospitalarios.
c) Gestionar el inventario de productos biocidas.
d) Detectar errores de esterilización.

2. ¿Qué EPI es imprescindible para proteger las mucosas oculares en entornos de alto riesgo biológico?

a) Guantes.
b) Mascarilla FFP2.
c) Gorro quirúrgico.
d) Gafas de protección o pantalla facial.

3. ¿Qué se entiende por tasa de incidencia acumulada?

a) Número de casos nuevos en una población durante un periodo concreto.
b) Total de infecciones a lo largo de un año.
c) Número de casos entre personal sanitario únicamente.
d) Promedio de infecciones hospitalarias previas.

4. ¿Qué principio define la actuación con EPI en zonas de aislamiento por contacto?

a) Proteger exclusivamente al paciente.
b) Evitar transmisión por vía aérea.
c) Interrumpir el ciclo mano-fómite-mano.
d) Asegurar la temperatura del entorno.

5. ¿Cuál de los siguientes factores aumenta el riesgo de transmisión en una enfermedad infecciosa?

a) Alta inmunogenicidad del huésped.
b) Ausencia de contacto directo.
c) Baja patogenicidad del agente.
d) Elevada carga microbiana en la fuente.

6. ¿Cuál es la forma más efectiva de prevenir la infección nosocomial asociada al uso de catéteres venosos centrales?

a) Irrigación con antiséptico.
b) Uso de apósito absorbente.
c) Lavado de manos y técnica aséptica en la inserción.
d) Aplicación de suero fisiológico.

7. ¿Qué tipo de agente infeccioso es más común en infecciones del tracto urinario nosocomial?

a) Virus.
b) Levaduras.
c) Bacterias gramnegativas.
d) Protozoos.

8. ¿Qué precaución debe tomarse al desechar EPI tras la atención de un paciente con aislamiento respiratorio?

a) Sumergirlos en alcohol.
b) Desecharlos en bolsa de residuos biológicos.
c) Enjuagar y guardar.
d) Doblar y reutilizar si no están visiblemente sucios.

9. ¿Qué medida de protección individual es imprescindible en aislamiento por gotas (>5 micras)?

a) Bata impermeable.
b) Mascarilla quirúrgica.
c) FFP3.
d) Gafas herméticas.

10. ¿Qué agente antiséptico se recomienda para la desinfección rápida de manos cuando no hay suciedad visible?

a) Agua oxigenada.
b) Alcohol gelificado al 70 %.

c) Glutaraldehído al 2 %.
d) Solución salina estéril.

11. ¿Qué elemento forma parte de la cadena epidemiológica?

a) Estado nutricional del huésped.
b) Agente causal.
c) Carga vírica.
d) Nivel de vigilancia hospitalaria.

12. ¿Cuál es el objetivo principal del aislamiento hospitalario?

a) Prevenir la contaminación de materiales estériles.
b) Controlar la virulencia de los patógenos.
c) Prevenir la diseminación de infecciones y proteger a pacientes vulnerables.
d) Reducir la carga bacteriana ambiental.

En MADTEST tienes **más preguntas de este tema,**

comentadas y argumentadas, y todos tus avances quedan registrados y se reflejan en el ranking.

¡Supera tus límites con MADTEST!

A continuación te presentamos algunos ejemplos de preguntas comentadas:

13. ¿Qué práctica es considerada la medida más eficaz para prevenir infecciones cruzadas en hospitales?

a) Esterilización de superficies.
b) Uso de antibióticos de amplio espectro.
c) Lavado de manos higiénico.
d) Aislamiento por gotas.

Respuesta Correcta: c) Lavado de manos higiénico.

El lavado higiénico de manos con agua y jabón es la principal medida preventiva para reducir la transmisión por contacto directo, especialmente en la atención al paciente.

14. ¿Qué tipo de reservorio se caracteriza por albergar agentes patógenos sin mostrar síntomas clínicos?

a) Reservorio ambiental.
b) Reservorio animal.

c) Reservorio humano enfermo.

d) Reservorio humano portador.

Respuesta Correcta: d) Reservorio humano portador.

El portador es una persona que, sin mostrar signos clínicos, elimina agentes patógenos y puede transmitirlos, siendo relevante en entornos alimentarios y sanitarios.

15. ¿Qué característica epidemiológica se asocia al concepto de "tríada epidemiológica"?

a) Vía de transmisión y susceptibilidad del huésped.

b) Agente, huésped y ambiente.

c) Patogenicidad, virulencia e inmunidad.

d) Contagiosidad, reservorio y vector.

Respuesta Correcta: b) Agente, huésped y ambiente.

La tríada epidemiológica define la interacción entre un agente infeccioso, un huésped susceptible y un ambiente que permite el contacto entre ambos, originando la enfermedad.

Solución al test n.º 4

1. a) Prevenir y controlar la aparición de brotes infecciosos.

2. d) Gafas de protección o pantalla facial.

3. a) Número de casos nuevos en una población durante un periodo concreto.

4. c) Interrumpir el ciclo mano-fómite-mano.

5. d) Elevada carga microbiana en la fuente.

6. c) Lavado de manos y técnica aséptica en la inserción.

7. c) Bacterias gramnegativas.

8. b) Desecharlos en bolsa de residuos biológicos.

9. b) Mascarilla quirúrgica.

10. b) Alcohol gelificado al 70 %.

11. b) Agente causal.

12. c) Prevenir la diseminación de infecciones y proteger a pacientes vulnerables.

13. c) Lavado de manos higiénico.

14. d) Reservorio humano portador.

15. b) Agente, huésped y ambiente.

TEST N.º 5

Asepsia y esterilización. Concepto de sepsis, antisepsia, esterilización y desinfección. Manejo de materiales estériles. Riesgo en el uso de sustancias químicas. Efectos tóxicos de los disolventes orgánicos

1. ¿Cuál es la principal diferencia entre desinfección y esterilización?

a) La desinfección elimina esporas bacterianas.
b) La esterilización es siempre química.
c) La desinfección reduce microorganismos patógenos, pero no los elimina completamente.
d) La esterilización se realiza solo con agua.

2. ¿Cuál de los siguientes métodos de desinfección implica el uso de gases o vapores?

a) Fumigación.
b) Inmersión.
c) Loción.
d) Asepsia.

3. ¿Qué tipo de instrumental requiere esterilización obligatoria por su contacto con tejidos estériles?

a) Material semicrítico.
b) Material crítico.
c) Material no crítico.
d) Material descartable.

4. ¿Qué concentración de hipoclorito sódico se recomienda para una desinfección eficaz en hospitales?

a) 2 %.
b) 5 %.
c) 10 %.
d) 0,5 % (equivale a 500 ppm).

5. ¿Qué tipo de microorganismo es más resistente a los procesos de desinfección?

a) Virus con envoltura.
b) Bacterias grampositivas.
c) Esporas bacterianas.
d) Hongos filamentosos.

6. ¿Cuál de los siguientes productos presenta efecto virucida, bactericida y esporicida?

a) Clorhexidina.
b) Peróxido de hidrógeno.
c) Alcohol etílico.
d) Compuestos fenólicos.

7. ¿Qué técnica se basa en la colocación de los instrumentos en una solución desinfectante durante un tiempo determinado?

a) Inmersión.
b) Loción.
c) Fumigación.
d) Esterilización húmeda.

8. ¿Qué producto es eficaz frente a bacterias grampositivas y gramnegativas y se usa como antiséptico cutáneo?

a) Yodopovidona.
b) Fenol.
c) Glutaraldehído.
d) Amonio cuaternario.

9. ¿Qué tipo de calor utiliza el autoclave para esterilizar material sanitario?

a) Calor seco.
b) Calor húmedo bajo presión.
c) Calor por radiación.
d) Microondas.

10. ¿Cuál es el principal inconveniente del uso de alcoholes como desinfectantes?

a) Baja volatilidad.
b) Baja eficacia frente a bacterias.
c) No se inactivan con materia orgánica.
d) Son inflamables.

11. ¿Qué se entiende por "esterilización"?

a) Reducción de bacterias hasta niveles seguros.
b) Eliminación parcial de virus y bacterias.
c) Destrucción total de todos los microorganismos, incluidas esporas.
d) Inactivación de microorganismos sin dañar tejidos.

12. ¿Qué grupo de productos desinfectantes actúa modificando la permeabilidad de la membrana celular?

a) Alcoholes.
b) Amonios cuaternarios.
c) Fenoles.
d) Glutaraldehído.

En MADTEST tienes **más preguntas de este tema,**

comentadas y argumentadas, y todos tus avances quedan
registrados y se reflejan en el ranking.

¡Supera tus límites con MADTEST!

A continuación te presentamos algunos ejemplos de preguntas comentadas:

13. ¿Qué materiales se esterilizan habitualmente mediante calor húmedo?

a) Textiles y materiales porosos.
b) Agujas hipodérmicas.
c) Jeringas de vidrio.
d) Catéteres metálicos.

Respuesta Correcta: a) Textiles y materiales porosos.

El calor húmedo mediante autoclave es especialmente útil para esterilizar materiales como ropa quirúrgica, gasas y papel, ya que permite la penetración del vapor. Para materiales metálicos se prefiere el calor seco u óxido de etileno si son termosensibles.

14. ¿Cuál es la técnica correcta para asegurar la acción desinfectante en la limpieza de superficies?

a) Aplicar vapor seco sin presión.
b) Frotar con alcohol hasta evaporación.

c) Usar bayetas empapadas en solución y dejarlas actuar.
d) Rociar con agua oxigenada y secar.

Respuesta Correcta: c) Usar bayetas empapadas en solución y dejarlas actuar.

En la desinfección por loción, se humedecen bayetas con una solución desinfectante y se aplican directamente sobre superficies limpias, respetando el tiempo de contacto necesario para una acción eficaz, según el producto utilizado.

15. ¿Qué afirmación sobre la clasificación del instrumental según su riesgo de transmisión infecciosa es correcta?

a) El instrumental semicrítico se usa solo en piel intacta.
b) El material crítico debe esterilizarse siempre.
c) El instrumental no crítico requiere esterilización por calor seco.
d) Todo material no reutilizable se considera crítico.

Respuesta Correcta: b) El material crítico debe esterilizarse siempre.

El instrumental clasificado como crítico entra en contacto con cavidades estériles o el sistema vascular, por lo que requiere esterilización absoluta. Los semicríticos necesitan desinfección de alto nivel, y los no críticos limpieza básica.

Solución al test n.º 5

1. c) La desinfección reduce microorganismos patógenos, pero no los elimina completamente.

2. a) Fumigación.

3. b) Material crítico.

4. d) 0,5 % (equivale a 500 ppm).

5. c) Esporas bacterianas.

6. b) Peróxido de hidrógeno.

7. a) Inmersión.

8. a) Yodopovidona.

9. b) Calor húmedo bajo presión.

10. d) Son inflamables.

11. c) Destrucción total de todos los microorganismos, incluidas esporas.

12. b) Amonios cuaternarios.

13. a) Textiles y materiales porosos.

14. c) Usar bayetas empapadas en solución y dejarlas actuar.

15. b) El material crítico debe esterilizarse siempre.

TEST N.º 6

Papel del Técnico Especialista en los programas de calidad total para Servicios de Laboratorio. Evaluación de estructura, proceso y resultado. Control de calidad de las instalaciones en laboratorios

1. ¿Qué principio sanitario busca obtener el mejor resultado con el menor riesgo y mayor satisfacción del paciente?

a) Equidad.
b) Universalidad.
c) Eficiencia.
d) Calidad asistencial.

2. ¿Cuál de los siguientes es un principio de un sistema de salud perfecto según la OMS?

a) Competitividad.
b) Equidad.
c) Productividad.
d) Privacidad.

3. ¿Qué modelo de análisis de calidad sanitaria propuso el Dr. Avedis Donabedian?

a) Estructura, proceso y resultados.
b) Prevención, diagnóstico y tratamiento.
c) Eficacia, eficiencia y equidad.
d) Entrada, gestión y salida.

4. ¿Cómo se define la eficiencia en el contexto sanitario?

a) Grado de satisfacción del paciente.
b) Capacidad para alcanzar los objetivos al menor coste posible.
c) Nivel de tecnología empleada.
d) Número de pacientes atendidos.

5. ¿Qué dimensión de la calidad se refiere a la posibilidad de acceder a un servicio cuando se necesita?

a) Eficacia.
b) Adecuación.
c) Accesibilidad.
d) Satisfacción.

6. ¿Qué característica mide la relación entre servicios ofertados y necesidades reales de la población?

a) Continuidad.
b) Adecuación.
c) Calidad.
d) Eficiencia.

7. ¿Qué término describe el seguimiento coordinado del estado de salud de un paciente?

a) Proceso.
b) Continuidad asistencial.
c) Resultados.
d) Atención preferente.

8. ¿Qué atributo valora si un procedimiento cumple su objetivo independientemente del coste?

a) Eficiencia.
b) Eficacia.
c) Accesibilidad.
d) Sostenibilidad.

9. ¿Qué principio garantiza que los servicios de salud cubran tanto prevención como rehabilitación?

a) Integración.
b) Universalidad.
c) Equidad.
d) Funcionalidad.

10. ¿Qué principio sanitario hace referencia a que todas las personas puedan acceder a la atención médica?

a) Equidad.
b) Universalidad.

c) Continuidad.
d) Adecuación.

11. ¿Qué característica de la calidad hace referencia al aprovechamiento de los recursos disponibles?

a) Eficiencia.
b) Eficacia.
c) Calidad.
d) Seguridad.

12. ¿Cómo se denomina el grado en que los servicios de salud logran los resultados deseados según el conocimiento profesional?

a) Atención centrada.
b) Calidad asistencial.
c) Coordinación clínica.
d) Funcionalidad.

En MADTEST tienes **más preguntas de este tema,**

comentadas y argumentadas, y todos tus avances quedan registrados y se reflejan en el ranking.

¡Supera tus límites con MADTEST!

A continuación te presentamos algunos ejemplos de preguntas comentadas:

13. ¿Qué concepto evalúa si los recursos estructurales (instalaciones, personal, equipos) son adecuados para la atención?

a) Proceso.
b) Estructura.
c) Resultado.
d) Coordinación.

Respuesta Correcta: b) Estructura.

El análisis de la estructura permite detectar limitaciones materiales u organizativas que podrían interferir con una atención sanitaria adecuada.

14. ¿Qué componente del modelo de Donabedian se centra en las actividades realizadas en la atención al paciente?

a) Estructura.
b) Proceso.
c) Resultado.
d) Control.

Respuesta Correcta: b) Proceso.

El proceso analiza cómo se llevan a cabo las acciones sanitarias, como diagnósticos, tratamientos y seguimientos, fundamentales en la calidad.

15. ¿Qué se entiende por resultado en el análisis de calidad sanitaria?

a) El cumplimiento del horario de consulta.
b) Los efectos de la atención sobre el estado de salud del paciente.
c) La antigüedad del profesional sanitario.
d) La duración de la estancia hospitalaria.

Respuesta Correcta: b) Los efectos de la atención sobre el estado de salud del paciente.

El resultado es la consecuencia observable del cuidado sanitario en la salud del individuo o comunidad, y se utiliza como indicador de calidad final.

Solución al test n.º 6

1. d) Calidad asistencial.

2. b) Equidad.

3. a) Estructura, proceso y resultados.

4. b) Capacidad para alcanzar los objetivos al menor coste posible.

5. c) Accesibilidad.

6. b) Adecuación.

7. b) Continuidad asistencial.

8. b) Eficacia.

9. a) Integración.

10. b) Universalidad.

11. a) Eficiencia.

12. b) Calidad asistencial.

13. b) Estructura.

14. b) Proceso.

15. b) Los efectos de la atención sobre el estado de salud del paciente.

TEST N.º 7

Programas de mantenimiento de equipos y material de la unidad/ servicio. Gestión del almacenamiento y reposición del material utilizado en la unidad/servicio

1. El material de laboratorio:

a) Es el conjunto de instrumentos de los que precisa un laboratorio para llevar a cabo sus estudios.
b) Pueden ser de distintos tipos de materiales.
c) Ninguno de los tipos de material cumple todas las exigencias del laboratorio.
d) Todas son correctas.

2. ¿Qué requisitos debe cumplir el material de vidrio del laboratorio?

a) Ser resistente mecánicamente frente a los ácidos y álcalis.
b) Ser resistente térmicamente.
c) Ser fabricados con vidrio carbonatado.
d) Todas son correctas.

3. El material de plástico del laboratorio presenta como principal característica:

a) Ser inerte y resistente a la temperatura.
b) Ser material de soporte.
c) Ser económico y desechable.
d) Ser resistente a elevadas temperaturas y resistente químicamente.

4. ¿Qué material es el más recomendado y utilizará el técnico/a de laboratorio para análisis gravimétrico?

a) Vidrio.
b) Plástico.
c) Porcelana.
d) Metal.

5. Las pinzas de Mohr, ¿para qué se utilizan?

a) Para sujetar vasos.
b) Para cerrar conexiones de goma.
c) Para colocar crisoles.
d) Para todo lo anterior.

6. Señala cuál de los siguientes es un material no volumétrico:

a) Vaso de precipitado.
b) Probeta.
c) Buretas.
d) Pipetas automáticas.

7. En la utilización del material volumétrico hay que tener en cuenta:

a) El error de paralelaje.
b) La cantidad de líquido que se encuentra adherida a la pared.
c) La cantidad de líquido absorbida por el recipiente.
d) La lectura del menisco.

8. ¿Cómo se denomina el recipiente volumétrico de forma cilíndrica provisto de una base para darle estabilidad y con un pitorro que facilita su vaciado, van graduadas verticalmente en ml y se usan para medidas que requieren poca precisión?

a) Matraz.
b) Bureta.
c) Probeta.
d) Kitasato.

9. Las pipetas:

a) Son utensilios para transferir un volumen pequeño.
b) Deben ser precisas y exactas.
c) Pueden ser manuales y automáticas
d) Todas son correctas.

10. La bureta:

a) Suelen llevar el indicador "TD".
b) No está destinada a la transferencia de volúmenes exactos de líquidos.
c) Generalmente están calibrados para contener líquidos aunque algunas lo están para verter.
d) Todas son correctas.

11. Los matraces aforados:

a) Son material no volumétrico.
b) Presentan una forma característica de pera y fondo plano.
c) No están calibrados.
d) No es un material muy exacto.

12. Señala cuál de los siguientes es un material inventariable:

a) Todo el material fungible.
b) El de larga vida o uso en el laboratorio.
c) El que se deteriora con el uso.
d) El reutilizable.

En MADTEST tienes **más preguntas de este tema, comentadas y argumentadas**, y todos tus avances quedan registrados y se reflejan en el ranking.

¡Supera tus límites con MADTEST!

A continuación te presentamos algunos ejemplos de preguntas comentadas:

13. El material fungible:

a) Se deteriora con el uso.
b) Tiene una larga vida.
c) Si se rompe, se arregla y se reutiliza.
d) Es difícil de inventariar.

Respuesta Correcta: a) Se deteriora con el uso.

El material fungible es aquel que se deteriora con su uso y que tiene una vida corta. A su vez estos materiales pueden ser de dos clases.

14. ¿Qué tipo de reactivos se deben utilizar cuando el experimento a realizar no tiene que contener impurezas?

a) De pureza media.
b) De alto grado de pureza.
c) Especiales. Con el 100 % de pureza.
d) De referencia secundarios.

Respuesta Correcta: b) De alto grado de pureza.

Según el nivel de pureza de un compuesto químico los clasificamos en:

- Purísimos: alto grado de pureza, que nunca alcanza el 100 %. Se utilizan cuando se realizan experimentos con el mínimo contenido en impurezas.

- Generales para análisis: pureza media, se tienen en cuenta para hacer los cálculos estequiométricos, pero las impurezas no interfieren en el experimento.

- Especiales: estos compuestos son los más puros. Se utilizan para los equipos instrumentales donde las impurezas pueden interferir en el análisis o, incluso, ensuciar el equipo.

15. Un kit de reactivos es:

a) Conjunto de dos o más reactivos que se usan para determinar una sustancia.
b) Tienen un protocolo que muestra el correcto uso de los reactivos.
c) Se pueden usar para determinaciones manuales o para utilizarlos con un autoanalizador.
d) Todas las respuestas anteriores son correctas.

Respuesta Correcta: d) Todas las respuestas anteriores son correctas.

Un equipo de reactivos o kit es un conjunto de dos o más reactivos que se emplean para determinar una sustancia y se suministran juntos en un envase con las instrucciones del procedimiento. Los kits de reactivos se usan para realizar determinaciones manuales o con un instrumento o analizador automático en particular.

Solución al test n.º 7

1. d) Todas son correctas.

2. b) Ser estables térmicamente.

3. c) Ser económico y desechable.

4. c) Porcelana.

5. b) Para cerrar conexiones de goma.

6. a) Vaso de precipitado.

7. a) El error de paralelaje.

8. c) Probeta.

9. d) Todas son correctas.

10. a) Suelen llevar el indicador "TD".

11. b) Presentan una forma de pera y fondo plano.

12. b) El de larga vida o uso en el laboratorio.

13. a) Se deteriora con el uso.

14. b) De alto grado de pureza.

15. d) Todas las respuestas anteriores son correctas.

TEST N.º 8

Documentación que maneja el técnico de laboratorio: criterios de cumplimentación. Circuitos de la información. Atención al paciente: requisitos de preparación, información sobre las pruebas analíticas y la recogida de muestras

1. ¿Cuál es el documento que recoge los cuidados que hay que proporcionar a la población general y no necesariamente enfermos (vacunaciones), y/o aquellas actuaciones en programas específicos de prevención y seguimiento de enfermedades crónicas?

a) Historia médica.
b) Historia clínica.
c) Historia de enfermería.
d) Historia del paciente

2. ¿Qué documento sanitario se considera no clínico?

a) Hoja de enfermería operatoria.
b) Historia clínica.
c) Hoja de evolución médica
d) Hoja de ropa de lavandería, para planta de pacientes.

3. ¿Cuál es la técnica de clasificación secuencial de la Historia clínica más frecuente hoy día como consecuencia de las entrada de los sistemas informáticos en sanidad? Por orden:

a) Alfabético.
b) Correlativo.
c) De apertura.
d) Numérico.

4. ¿Qué documentos clínicos no se utilizan en atención primaria?

a) Historia de enfermería.
b) Historia médica.

c) Impreso de citación.
d) Hoja de evolución médica.

5. ¿Cómo se denomina el documento emitido por el médico responsable en un centro sanitario al finalizar cada proceso asistencial de un paciente, que especifica los datos de éste, un resumen de su historial clínico, la actividad asistencial prestada, el diagnóstico y las recomendaciones terapéuticas?

a) Certificado médico.
b) Informe de alta médica.
c) Informe de evaluación médica.
d) Consentimiento informado.

6. ¿Cómo debe necesariamente el consentimiento informado de un paciente? La conformidad:

a) Libre, voluntaria e inconsciente (sin necesidad de estar en pleno uso de sus facultades).
b) Forzada, voluntaria e consciente o/e inconsciente (sin necesidad de estar en pleno uso de sus facultades).
c) Forzada, involuntaria y consciente (con necesidad de estar en pleno uso de sus facultades).
d) Libre, voluntaria y consciente (con necesidad de estar en pleno uso de sus facultades).

7. Respecto al consentimiento informado como documento de la historia clínica, sólo será exigible en la misma cuando:

a) Lo solicite el paciente o el representante legal.
b) Se trate de un proceso de hospitalización y lo solicite el médico.
c) Lo solicite el paciente (o el representante legal) y el médico.
d) Se trate de un proceso de hospitalización o así se disponga normativamente.

8. ¿Cuál de éstas es la Ley vigente, básica reguladora de la autonomía del paciente y de derechos y obligaciones en materia de información y documentación clínica?

a) Ley 55/2003.
b) Ley 53/1984.
c) Ley 41/2002.
d) Ley 7/2007.

9. El acceso a la historia clínica con fines asistenciales corresponde a:

a) Los tribunales.
b) Los profesionales asistenciales del centro que realizan el diagnóstico o el tratamiento del paciente.
c) Los profesionales no asistenciales del centro que realizan el diagnóstico o el tratamiento del paciente.
d) Los profesionales asistenciales y no asistenciales del centro que realizan el diagnóstico o el tratamiento del paciente.

10. ¿A quién corresponde la custodia y gestión de historias clínicas en los centros hospitalarios?

a) La unidad de admisión y documentación clínica.
b) La unidad de enfermería y archivos clínicos.
c) La unidad de atención e información al usuario.
d) El servicio de salud pública y epidemiología.

11. ¿Cuándo no puede ejercitarse el derecho al acceso del paciente a la documentación de la historia clínica?

a) Cuando quiera obtener los datos propios del paciente mediante copia de los que figuran en ella y por petición personal.
b) Cuando quiera obtener los datos propios del paciente mediante copia de los que figuran en ella y por petición por representación debidamente acreditada.
c) Cuando se produce perjuicio del derecho de los profesionales participantes en su elaboración, tanto sea por petición personal, o como por representación debidamente acreditada.
d) Se puede ejercitar en todos los casos antes mencionados.

12. ¿Cómo se denominan los documentos donde se solicitan al banco de sangre los productos sanguíneos necesarios para las transfusiones (concentrados de hematíes, plaquetas, sangre completa, etc.)?

a) Volante de petición.
b) Solicitud analítica.
c) Solicitud de pruebas cruzadas.
d) Solicitud de pruebas bioquímicas.

En MADTEST tienes **más preguntas de este tema, comentadas y argumentadas**, y todos tus avances quedan registrados y se reflejan en el ranking.

¡Supera tus límites con MADTEST!

A continuación te presentamos algunos ejemplos de preguntas comentadas:

13. ¿Cómo se denominan los volantes en los que el espacio para consignar la prueba o perfil, está en blanco? Volantes:

a) Peticionarios o en blanco.
b) Abiertos o en blanco.

c) Cerrados o en blanco.
d) Preestablecidos o en blanco.

Respuesta Correcta: b) Abiertos o en blanco.

Los volantes en blanco, donde el espacio para consignar la prueba o perfil está sin completar, se denominan "abiertos". Estos volantes permiten que se pueda registrar información específica según las necesidades del paciente o la solicitud del médico, sin limitarse a una opción predefinida.

14. ¿Cuál de las siguientes no es una fuente de información externa?

a) Padrón municipal.
b) Registros de nacimiento.
c) Censo poblacional.
d) Registros del hospital.

Respuesta Correcta: d) Registros del hospital.

Las fuentes de información externa son aquellas que provienen de fuera de la institución médica o del propio sistema de salud. Mientras que los registros del hospital son una fuente interna de información que se genera y mantiene dentro de la institución médica, las otras opciones proporcionan datos que provienen de fuentes externas al hospital, como el padrón municipal, los registros de nacimiento y el censo poblacional.

15. El lugar donde quedan almacenadas todas las historias del centro, una vez que se han cerrado, es decir, cuando el enfermo ha sido dado de alta o ha fallecido, se denomina:

a) Fichero.
b) Archivo de consulta.
c) Archivo de planta.
d) Archivo central.

Respuesta Correcta: d) Archivo central.

El archivo central es el lugar donde se almacenan todas las historias clínicas del centro una vez que se han cerrado, es decir, cuando el paciente ha sido dado de alta o ha fallecido. Es un repositorio centralizado que garantiza la organización y el acceso eficiente a los registros médicos de los pacientes.

Solución al test n.º 8

1. c) Historia de enfermería.

2. d) Hoja de ropa de lavandería, para planta de pacientes.

3. b) Correlativo.

4. d) Hoja de evolución médica.

5. b) Informe de alta médica.

6. d) Libre, voluntaria y consciente (con necesidad de estar en pleno uso de sus facultades).

7. b) Se trate de un proceso de hospitalización y lo solicite el médico.

8. c) Ley 41/2002.

9. b) Los profesionales asistenciales del centro que realizan el diagnóstico o el tratamiento del paciente.

10. a) La unidad de admisión y documentación clínica.

11. c) Cuando se produce perjuicio del derecho de los profesionales participantes en su elaboración, tanto sea por petición personal, o como por representación debidamente acreditada.

12. c) Solicitud de pruebas cruzadas.

13. b) Abiertos o en blanco.

14. d) Registros del hospital.

15. d) Archivo central.

TEST N.º 9

Muestras biológicas humanas: sustancias analizables. Determinación analítica. Recogida, conservación y transporte de muestras para su procesamiento. Características generales de las mismas. Normas de seguridad en el manejo de muestras biológicas, equipos y reactivos. Criterios de exclusión y rechazo de las muestras

1. Si el paciente debe recoger la muestra en casa deberá ser instruido de forma correcta; lo ideal es:

a) Dar toda la información por escrito, aunque se informe de manera oral.
b) Bastará con dar la información de forma oral.
c) Se remitirá a AP para ofrecer la información oportuna.
d) No se deben tomar muestras por los pacientes.

2. Si queremos tomar una muestra de orina en un paciente con una sonda vesical:

a) Cogeremos la muestra de la bolsa.
b) Pinzaremos la sonda durante 15 minutos y luego obtendremos la muestra.
c) Solo podrá tomarse la muestra de pacientes que no estén sondados.
d) Se quitará la bolsa y obtendremos la muestra por goteo.

3. Si queremos determinar la glucosuria usaremos como conservante:

a) Fluoruro sódico.
b) Cloroformo.
c) Formaldehído.
d) Ácido bórico.

4. Si queremos realizar un estudio básico en heces el paciente deberá someterse a una dieta:

a) Baja en residuos.
b) Baja en carnes rojas.

c) Baja en proteínas.
d) No debe someterse a ninguna dieta específica.

5. Para una toma de muestra de semen en un estudio de infertilidad la OMS establece un periodo de abstinencia de:

a) 4-10 días.
b) 2-7 días.
c) 48 horas.
d) No existe un periodo de abstinencia determinado por la OMS.

6. Si tenemos que coger un exudado uretral se debe realizar:

a) Tras un periodo de abstinencia de 4 días.
b) Antes de la primera micción de la mañana.
c) En cualquier momento del día.
d) Tras un periodo de ayuno de 8 horas.

7. La toma de muestra del LCR se realiza normalmente en el espacio:

a) Intervertebral.
b) En el espacio subaracnoideo.
c) Cisternal.
d) Surco medio.

8. Si queremos obtener una muestra de drenaje gástrico el paciente deberá estar en ayunas:

a) 6 horas.
b) 8 horas.
c) 12 horas.
d) No hace falta ayunar para esta prueba.

9. En pacientes pediátricos la toma de muestra de la BMO se realiza normalmente en:

a) Crestas ilíacas.
b) Tibia.
c) Cráneo.
d) Esternón.

10. La trazabilidad es necesaria en el proceso de recogida, transporte y procesamiento de la muestra. Nos sirve para:

a) Asegurar la conservación correcta de la muestra durante todo el proceso.
b) Saber durante todo el proceso la identificación y localización de la muestra.

c) Conocer la forma correcta de tratar una muestra determinada.
d) Todas son ciertas.

11. ¿Cuál de los siguientes datos deben constar en la petición de la analítica?

a) Motivo de la solicitud.
b) Datos del paciente.
c) Datos del médico.
d) Todas son ciertas.

12. Un paciente que ha tenido una ingesta de alcohol elevada presentará alteraciones en:

a) PSA.
b) Lactatos.
c) CPK.
d) Cortisol.

En MADTEST tienes **más preguntas de este tema, comentadas y argumentadas**, y todos tus avances quedan registrados y se reflejan en el ranking.

¡Supera tus límites con MADTEST!

A continuación te presentamos algunos ejemplos de preguntas comentadas:

13. En una muestra de líquido sinovial la jeringuilla de extracción contendrá:

a) EDTA.
b) Heparina sódica.
c) Citrato.
d) Todas son correctas.

Respuesta Correcta: b) Heparina sódica.

La jeringuilla de extracción contendrá heparina sódica, nunca heparina de litio, EDTA u oxalato, ya que formarán cristales que afectarán al examen microscópico.

14. ¿Cuál de las siguientes afirmaciones sobre el análisis del contenido gástrico es correcta?

a) La presencia de aclorhidria sugiere ulcus duodenal activo.
b) La secreción de HCl ocurre principalmente en el cardias y el píloro.

c) El síndrome de Zollinger-Ellison se asocia con hipersecreción gástrica.
d) En la úlcera gástrica, los niveles de HCl están consistentemente aumentados.

Respuesta Correcta: c) El síndrome de Zollinger-Ellison se asocia con hipersecreción gástrica.

El síndrome de Zollinger-Ellison es un trastorno caracterizado por la presencia de tumores productores de gastrina, lo que genera una estimulación excesiva de la secreción de ácido clorhídrico (HCl) en el estómago. Esta hipersecreción es útil para el diagnóstico. En contraste, los pacientes con úlcera gástrica suelen presentar secreción normal o ligeramente disminuida, y la producción de HCl se lleva a cabo por células parietales del fondo y cuerpo gástrico, no en el cardias ni en el píloro.

15. Todas las muestras deben llevar un embalaje y etiquetado siguiendo los requisitos del ADR 2003 y presentar 3 elementos que son:

a) Recipiente primario, secundario y terciario.
b) Trazabilidad, temperatura y tiempo.
c) Seguridad, estabilidad y seguimiento.
d) Todas son ciertas.

Respuesta Correcta: a) Recipiente primario, secundario y terciario.

El embalaje y etiquetado de todas las muestras debe presentar tres elementos diferenciados: embalaje primario, están diseñados para evitar derramamientos y deben ser estancos, recipientes secundarios, también deben ser estancos y estar forrados con material absorbente en suficiente cantidad como para retener todas las muestras derramadas, y por último, el recipiente terciario, resistente a los golpes y con todos los pictogramas oficiales.

Solución al test n.º 9

1. a) Dar toda la información por escrito, aunque se informe de manera oral.

2. b) Pinzaremos la sonda durante 15 minutos y luego obtendremos la muestra.

3. a) Fluoruro sódico.

4. d) No debe someterse a ninguna dieta específica.

5. b) 2-7 días.

6. b) Antes de la primera micción de la mañana.

7. b) En el espacio subaracnoideo.

8. c) 12 horas.

9. b) Tibia.

10. b) Saber durante todo el proceso la identificación y localización de la muestra.

11. d) Todas son ciertas.

12. b) Lactato.

13. b) Heparina sódica.

14. c) El síndrome de Zollinger-Ellison se asocia con hipersecreción gástrica.

15. a) Recipiente primario, secundario y terciario.

TEST N.º 10

Microscopios: fundamentos, propiedades ópticas y elementos. Tipos de microscopia: campo luminoso, campo oscuro, luz ultravioleta, fluorescencia, contraste de fase y de transmisión electrónica

1. Uno de los siguientes no es un microscopio óptico de luz transmitida:

a) Microscopio de fluorescencia.
b) Microscopio de campo oscuro.
c) Microscopio de contraste de fases.
d) Microscopio invertido.

2. Una lente divergente:

a) Es una lente convexa.
b) Dispersan los rayos de planos paralelos.
c) Son más gruesas por el centro que por los lados.
d) Forman una visión ampliada del objeto.

3. El poder de resolución de un microscopio:

a) Es la distancia máxima que debe existir entre dos puntos para que puedan ser diferenciados.
b) Es mayor cuanto mayor límite de resolución exista.
c) Es su capacidad de dar imágenes distintas de dos puntos situados muy cerca uno del otro en el objeto.
d) Todas son correctas.

4. ¿Qué determina la eficacia del condensador y del objetivo?

a) El poder de resolución.
b) La apertura numérica.
c) El contraste.
d) La longitud de onda.

5. La parte mecánica de un microscopio óptico lo compone:

a) Pie o soporte.
b) Columna.
c) Tubo y elementos auxiliares (platina).
d) Todas son correctas.

6. La parte óptica de un microscopio la compone:

a) El tornillo macrométrico.
b) El diafragma y el condensador.
c) El ocular y los objetivos.
d) El pie del objetivo, ya que sin pie no se podría sostener y no se podría ver nada.

7. Respecto al condensador del microscopio óptico:

a) Es otro tipo de lente que se incorpora al microscopio.
b) Es el encargado de concentrar un haz luminoso en cada punto del portaobjetos.
c) Suelen llevar acoplados una serie de filtros y el diafragma.
d) Todas son correctas.

8. El diafragma de apertura del condensador, ¿a qué afecta?

a) A la resolución.
b) Al contraste y profundidad del foco.
c) Sirve para ajustar la apertura numérica de la iluminación y para cambiar la luminosidad de esta.
d) Todas son correctas.

9. El microscopio de campo claro:

a) Es un microscopio de luz reflejada.
b) En un microscopio de electrones.
c) Es un microscopio de barrido confocal.
d) Es un microscopio de luz transmitida.

10. La microscopia de Nomarsi es un tipo de microscopia de:

a) Campo oscuro.
b) Contraste de interferencia.
c) Campo claro.
d) Invertido.

11. No es un tipo de microscopio óptico:

a) Microscopio de contraste de fases.
b) Microscopio de barrido.

c) Microscopio polarizante.
d) Microscopio fluorescente.

12. Recibe el nombre de fluorescencia:

a) A la propiedad que poseen determinadas sustancias de emitir, bajo la acción de radiaciones de onda larga, otras radiaciones de onda corta.
b) A la propiedad que poseen determinadas sustancias de emitir, bajo la acción de radiaciones de ondas cortas, otras radiaciones de onda larga.
c) A la propiedad que poseen los fluorocromos de emitir radiación infrarroja.
d) A la propiedad que posen los cuerpos brillantes sobre fondos de radiación.

En MADTEST tienes **más preguntas de este tema, comentadas y argumentadas**, y todos tus avances quedan registrados y se reflejan en el ranking.

¡Supera tus límites con MADTEST!

A continuación te presentamos algunos ejemplos de preguntas comentadas:

13. Las lentes de un microscopio óptico que amplían la imagen de una manera constante se denominan:

a) Objetivos.
b) Oculares.
c) Condensador.
d) Todas son correctas.

Respuesta Correcta: b) Oculares.

Son lentes que amplían la imagen de una manera constante, es decir, la ampliación conseguida aumentará cuanto más distancia exista entre el objetivo y el ocular. Los oculares suelen ser de 10 aumentos.

14. En un microscopio óptico los objetivos de inmersión de aceite llevan una marca de identificación que es un anillo de color:

a) Blanco.
b) Azul.
c) Negro.
d) Verde.

Respuesta Correcta: c) Negro.

Los objetivos de inmersión de aceite llevan una marca de identificación que es un anillo negro. Los objetivos de fluorescencia, cuyo líquido de inmersión es glicerina, van marcados con un anillo anaranjado, blanco para el agua y rojo para medios de inmersión especiales o multiuso.

15. El primer enfoque en un microscopio es mejor siempre hacerlo con el micrométrico, porque así se ajusta de una sola vez:

a) No es cierto, el primer enfoque se debe de hacer con el tubo de enfoque y macrométrico.
b) Si es cierto.
c) No es cierto, el primer enfoque se realiza con el condensador.
d) Puede realizarse como se quiera.

Respuesta Correcta: a) No es cierto, el primer enfoque se debe de hacer con el tubo de enfoque y macrométrico.

Pasos para el enfoque:

1. Sentarse a la altura adecuada.

2. Para empezar escogeremos el objetivo de menos aumento.

3. Se coloca la muestra en la platina centrándola. Si posee escasa estructura intentaremos el enfoque en el borde del cubreobjeto.

4. Encendemos la fuente de luz, graduando la intensidad de esta con el condensador y el diafragma.

5. Bajaremos el tubo lentamente hasta la preparación, con cuidado de no tocarla.

6. Acercamos el ojo al ocular y accionaremos el macrométrico muy lentamente comenzando a subir el tubo hasta la aparición de una imagen; si no apareciera nada volveríamos a repetir los dos últimos pasos.

Solución al test n.º 10

1. a) Microscopio de fluorescencia.

2. b) Dispersan los rayos de planos paralelos.

3. c) Es su capacidad de dar imágenes distintas de dos puntos situados muy cerca uno del otro en el objeto.

4. b) La apertura numérica.

5. d) Todas son correctas.

6. c) El ocular y los objetivos.

7. d) Todas son correctas.

8. d) Todas son correctas.

9. d) Es un microscopio de luz transmitida.

10. b) Contraste de interferencia.

11. b) Microscopio de barrido.

12. b) A la propiedad que poseen determinadas sustancias de emitir, bajo la acción de radiaciones de ondas cortas, otras radiaciones de onda larga.

13. b) Oculares.

14. c) Negro.

15. a) No es cierto, el primer enfoque se debe de hacer con el tubo de enfoque y macrométrico.

Sangre: composición y fisiología. Fisiología y metabolismo eritrocitario: recuento hematíes, anormalidades morfológicas eritrocitarias, metabolismo del hierro y la hemoglobina. Patologías del Sistema eritrocitario: alteraciones cuantitativas y cualitativas, pruebas analíticas para el diagnóstico y seguimiento de estas patologías

1. La sangre se mantiene en continuo movimiento gracias a:

a) El bombeo del corazón.
b) La retracción de las paredes de los vasos.
c) La fuerza de la gravedad.
d) Todas son ciertas.

2. No es una función de la sangre:

a) Inmunidad.
b) Hemostasia.
c) Homeostasia.
d) Eritropoyesis.

3. En la etapa infantil el principal órgano hematopoyético es:

a) El hígado.
b) El páncreas.
c) La médula ósea de todo el esqueleto.
d) El timo.

4. ¿Cuál de los siguientes estimula el crecimiento, la adhesión y la viabilidad de las células progenitoras?

a) Ligando FLT.
b) EPO.
c) Ligando kit.
d) IL17.

5. En la determinación del hematocrito mediante el micrométodo se debe centrifugar el tubo a:

a) 5.000 rpm.
b) 10.000 rpm.
c) 20.000 rpm.
d) 40.000 rpm.

6. El VCM se expresa en:

a) Mg.
b) mlo.
c) fl.
d) μ.

7. ¿Cuál de las siguientes afirmaciones sobre el método del cubreobjetos es falsa?

a) La distribución de los leucocitos es más homogénea.
b) La manipulación del cubreobjetos es más difícil que la de los portaobjetos.
c) La extensión es uniforme.
d) El recuento se realizará en el centro de la extensión.

8. Una vez realizada la muestra de Wright deberemos tener cuidado de que no entre en contacto con:

a) Oxígeno.
b) Luz solar.
c) Cetonas y ácidos.
d) Agua destilada.

9. ¿Cuál de las siguientes afirmaciones sobre el eritroblasto ortocromático es cierta?

a) Su tamaño oscila entre 17-22 μ.
b) Su citoplasma es basófilo por el alto contenido en hemoglobina.
c) La cromatina continúa intensamente condensada y en menor proporción.
d) Todas estas afirmaciones son ciertas.

10. Podemos definir la eritropoyesis como:

a) El conjunto de procesos que conducen a la formación y maduración de glóbulos rojos, hematíes o eritrocitos.
b) Conjunto de procesos que conducen a la destrucción de glóbulos rojos en mal estado.
c) Conjunto de procesos que conducen a la duplicación de hemoglobinas inestables.
d) Ninguna de las opciones anteriores es cierta.

11. El método de la resistencia eléctrica para el recuento de hematíes también se conoce como:

a) Método de la impedancia.
b) Método de la RIA.
c) Método de la dispersión lumínica.
d) Método del campo oscuro.

12. Los hematíes esferoidales que presentan espículas de implantación estrecha y prolongaciones de tamaño y localización variable se denominan:

a) Estomatocito.
b) Acantocito.
c) Dacriocito.
d) Ninguna de las anteriores.

En MADTEST tienes **más preguntas de este tema, comentadas y argumentadas**, y todos tus avances quedan registrados y se reflejan en el ranking.

¡Supera tus límites con MADTEST!

A continuación te presentamos algunos ejemplos de preguntas comentadas:

13. La anemia perniciosa no presenta:

a) Hematíes microcíticos.
b) Nivel de reticulocitos bajo.
c) Sideremia elevada.
d) Células polinucleares con núcleos hipersegmentados.

Respuesta Correcta: a) Hematíes microcíticos.

La anemia perniciosa se debe a una atrofia de la glándula gástrica originando una secreción del factor intrínseco, esto impide la absorción de la cobalina a nivel intestinal. Este tipo de anemias origina hematíes macrocíticos, no microcíticos.

14. La anemia perniciosa infantil sin albuminuria se produce por un déficit de:

a) Anticuerpos monoclonales.
b) Albúmina.

c) FI.
d) Hierro.

Respuesta Correcta: c) FI.

La anemia perniciosa infantil es un tipo raro de anemia de carácter hereditario, existen dos tipos: uno sin albuminuria, que se conoce como tipo 1, donde el problema es un déficit de FI y otro con lbuminuria, que se conoce como tipo 2, donde el problema es la dificultad en la absorción de la cobalamina.

15. Cuando usamos el test de Schilling para el estudio de una anemia por déficit de B12 deberemos administrar la B12 y el cobalto radiactivo y someteremos al paciente a:

a) Un análisis de suero.
b) Una RNM.
c) Un estudio inmunológico.
d) Un análisis de orina de 24 horas.

Respuesta Correcta: d) Un análisis de orina de 24 horas.

Para esta prueba administraremos 1.000 µg de B12, para llenar los depósitos hepáticos y la B12 administrada por vía oral. Después administramos de forma oral 1 µg de B12 más cobalto radiactivo. Recogemos la orina de las 24 horas siguientes para contabilizar la cantidad de B12 marcada que se excreta. Si lo que queremos saber es si la absorción deficiente se debe a falta de FI repetimos la prueba añadiendo FI a la muestra ingerida, y los valores han de ser normales.

Solución al test n.º 11

1. d) Todas son ciertas.

2. d) Eritropoyesis.

3. c) La médula ósea de todo el esqueleto.

4. c) Ligando kit.

5. b) 10.000 rpm.

6. c) fl.

7. d) El recuento se realizará en el centro de la extensión.

8. c) Cetonas y ácidos.

9. c) La cromatina continúa intensamente condensada y en menor proporción.

10. a) El conjunto de procesos que conducen a la formación y maduración de glóbulos rojos, hematíes o eritrocitos.

11. a) Método de la impedancia.

12. b) Acantocito.

13. a) Hematíes microcíticos.

14. c) Fl.

15. d) Un análisis de orina de 24 horas.

TEST N.º 12

Muestras sanguíneas. Tipos de muestra sanguínea: venosa, arterial, capilar. Técnicas de extracción sanguínea. Anticoagulantes. Obtención de una muestra de sangre para estudio: citológico, de coagulación, serológico y microbiológico. Obtención de fracciones de la sangre

1. ¿Cuál de las siguientes funciones corresponde al análisis de una muestra de sangre?

a) Detectar exclusivamente células cancerosas.
b) Diagnosticar infecciones urinarias.
c) Cuantificar gases sanguíneos para evaluar la ventilación.
d) Medir la temperatura corporal del paciente.

2. ¿Qué tipo de muestra sanguínea se utiliza principalmente para determinar gases y valorar el estado respiratorio del paciente?

a) Capilar.
b) Arterial.
c) Venosa.
d) Linfática.

3. ¿Cuál es la principal característica de los tubos sin aditivos utilizados en la recogida de sangre?

a) Se emplean para obtener plasma.
b) Impiden la formación del coágulo.
c) Permiten la obtención de suero.
d) Conservan metabolitos específicos.

4. ¿Qué color de tapón identifica al tubo que contiene citrato de sodio como aditivo?

a) Rojo.
b) Verde.

c) Lila.

d) Azul.

5. ¿Cuál es el orden correcto de llenado de los tubos según la CLSI, después del hemocultivo?

a) Tapón azul, oro, rojo.

b) Tapón rojo, azul, verde.

c) Tapón gris, blanco, morado.

d) Tapón naranja, azul, blanco.

6. ¿Qué debe evitarse durante la extracción de sangre venosa para no alterar los resultados?

a) El uso de guantes estériles.

b) Mantener el compresor más de 3 minutos.

c) Utilizar tubos con anticoagulante.

d) Realizar la punción en la vena basílica.

7. ¿Cuál es el anticoagulante recomendado para estudios hematológicos por el ICSH?

a) Heparina sódica.

b) Citrato sódico.

c) EDTA-K2.

d) Ácido cítrico.

8. ¿Cuál de los siguientes tubos es adecuado para estudios de plomo en sangre?

a) Tapón verde.

b) Tapón azul.

c) Tapón blanco.

d) Tapón beige.

9. ¿Qué técnica debe realizarse antes de una punción en la arteria radial?

a) Prueba de sensibilidad al alcohol.

b) Masaje arterial.

c) Test de Allen.

d) Compresión venosa.

10. ¿Qué técnica de extracción se utiliza en el control de glucemia capilar?

a) Punción cutánea en el pulpejo del dedo.

b) Extracción en vena cubital con aguja intravenosa.

c) Gasometría arterial.

d) Punción con catéter venoso central.

11. ¿Qué volumen de sangre se recomienda extraer para cada frasco de hemocultivo en adultos?

a) 4 ml.
b) 6 ml.
c) 2 ml.
d) 10 ml.

12. ¿Cuál de los siguientes anticoagulantes actúa precipitando el calcio y se emplea en estudios de coagulación?

a) EDTA.
b) Citrato sódico.
c) Heparina.
d) Oxalato potásico.

En MADTEST tienes **más preguntas de este tema,**

comentadas y argumentadas, y todos tus avances quedan
registrados y se reflejan en el ranking.

¡Supera tus límites con MADTEST!

A continuación te presentamos algunos ejemplos de preguntas comentadas:

13. ¿Qué anticoagulante se encuentra en los tubos con tapón verde según la norma ISO 6710?

a) EDTA-K3.
b) Citrato sódico.
c) Heparina de sodio o litio.
d) ACD.

Respuesta Correcta: c) Heparina de sodio o litio.

Los tubos de tapón verde contienen heparina, en forma de sal sódica o de litio. Este anticoagulante actúa de forma inmediata e impide la coagulación al potenciar la acción de la antitrombina III. Es especialmente útil para pruebas bioquímicas urgentes que requieren plasma, como electrolitos o pruebas hormonales rápidas.

14. ¿En qué zona se debe realizar la punción capilar en recién nacidos?

a) Pulpejo del dedo.
b) Zona lateral del talón.

c) Lóbulo de la oreja.

d) Vena yugular externa.

Respuesta Correcta: b) Zona lateral del talón.

En recién nacidos, la extracción capilar se realiza en la zona lateral externa o interna del talón, donde hay menor riesgo de dañar estructuras profundas. Esta técnica permite obtener pequeñas cantidades de sangre para estudios como la glucemia o el cribado neonatal, evitando la punción venosa, que es más traumática a esa edad.

15. ¿Cuál de las siguientes afirmaciones sobre el EDTA es correcta?

a) Es adecuado para medir calcio sérico.

b) Se emplea para hemogramas y frotis sanguíneos.

c) Su uso está limitado a pruebas toxicológicas.

d) Disuelve las plaquetas para evitar su agregación.

Respuesta Correcta: b) Se emplea para hemogramas y frotis sanguíneos.

El EDTA es el anticoagulante de elección para estudios hematológicos como hemogramas, ya que conserva la morfología celular sin inducir hemólisis. Sin embargo, no debe utilizarse para la medición de calcio o magnesio porque actúa como agente quelante, interfiriendo en estas determinaciones bioquímicas.

Solución al test n.º 12

1. c) Cuantificar gases sanguíneos para evaluar la ventilación.

2. b) Arterial.

3. c) Permiten la obtención de suero.

4. d) Azul.

5. a) Tapón azul, oro, rojo.

6. b) Mantener el compresor más de 3 minutos.

7. c) EDTA-K2.

8. d) Tapón beige.

9. c) Test de Allen.

10. a) Punción cutánea en el pulpejo del dedo.

11. d) 10 ml.

12. b) Citrato sódico.

13. c) Heparina de sodio o litio.

14. b) Zona lateral del talón.

15. b) Se emplea para hemogramas y frotis sanguíneos.

Fisiología y morfología del sistema leucocitario: recuento y clasificación de los leucocitos, técnicas histoquímicas e inmunológicas de identificación leucocitaria. Patologías del sistema leucocitario: alteraciones cuantitativas y cualitativas, pruebas analíticas para el diagnóstico y seguimiento de estas patologías

1. Los granulocitos eosinófilos:

a) Intervienen en el control de las infecciones parasitarias.
b) Intervienen en el control de reacciones anafilácticas.
c) Intervienen en el control de las infecciones víricas.
d) Las opciones a) y b) son ciertas.

2. ¿Cuál de las siguientes afirmaciones sobre los monocitos es cierta?

a) Pueden tomar formas diferentes.
b) Su tamaño oscila entre 14-20 µm.
c) Su citoplasma se tiñe de color azul-gris.
d) Todas estas afirmaciones son ciertas.

3. ¿Cuál es la característica morfológica que nos permite diferenciar un linfocito T de uno B?

a) El LB es redondeado y el LT es ovalado.
b) El LB presenta un núcleo con cromatina densa y el LT no presenta núcleo.
c) El LB presenta granulaciones azurófilas y el LT basófilas.
d) No existen diferencias morfológicas llamativas dificultando así su diferenciación.

4. Siguiendo una clasificación dependiente de su morfología diremos que un leucocito puede ser:

a) Linfocito.
b) Fagocito.

c) Mononuclear.
d) Redondeado.

5. Las alteraciones de la ingestión de los leucocitos aparece principalmente por alteraciones en:

a) La lisis bacteriana.
b) La opsonización del agente extraño.
c) El núcleo leucocitario.
d) Ninguna es cierta.

6. La linfocitosis es un aumento del volumen circulante de linfocitos por encima de:

a) 6×10^9 L.
b) 7.5×10^9/L.
c) 4.5×10^9/L.
d) Es una disminución del número por debajo de los 1.000/mm^3.

7. Hablamos de leucopenia cuando el recuento total de leucocitos se encuentra:

a) Por encima de los 4×10^9/L.
b) Entre 10×10^9/L y 40×10^9/L.
c) Por debajo de 4×10^9/L.
d) Esta palabra hace referencia al tamaño de los leucocitos, no a su número.

8. No encontraremos una basofilia en:

a) Anemias crónicas.
b) Hipertiroidismo.
c) Reacciones de hipersensibilidad.
d) Podemos encontrarlas en todos estos casos.

9. La opsonización consiste en:

a) El recubrimiento de las partículas a fagocitar por sustancias que posibilitan la ingestión de estas partículas.
b) La salida del torrente circulatorio.
c) La formación de pseudópodos que atraparán a los agentes.
d) Ninguna es cierta.

10. El estudio del quimiotactismo en cobertura de agarosa se lleva a cabo en:

a) 2 placas de petri.
b) 3 placas de petri.

c) 2 tubos de ensayo.
d) Tiras reactivas.

11. ¿Qué tres pasos son básicos en los métodos citoquímicos para el estudio de los leucocitos?

a) Fijación, incubación y estudio de la FAG.
b) Fijación de los hematíes, incubación y tinción de contraste.
c) Fijación de la extensión, incubación y tinción de contraste.
d) Ninguna de las anteriores es cierta.

12. Si en el estudio de la MPO aparece actividad encontraremos:

a) Un halo verdoso alrededor de las células.
b) Una zona puntiforme verdosa.
c) Un precipitado amarillo ocre.
d) Ninguna de las anteriores es cierta.

En MADTEST tienes **más preguntas de este tema, comentadas y argumentadas**, y todos tus avances quedan registrados y se reflejan en el ranking.

¡Supera tus límites con MADTEST!

A continuación te presentamos algunos ejemplos de preguntas comentadas:

13. ¿Cuál de las siguientes afirmaciones sobre las leucemias crónicas(LC) es falsa?

a) Su evolución es lenta.
b) Suelen haber periodos de remisión de la enfermedad.
c) Su pronóstico suele ser muy malo.
d) No sabemos su etiología.

Respuesta Correcta: c) Su pronóstico suele ser muy malo.

Las LC presentan una evolución lenta con ciclos de remisión y ciclos de recaída y suele presentar un pronóstico mejor que la aguda. Se desconoce su etiología.

14. En la leucemia mielógena crónica (LMC) el fracaso terapéutico aparece en la fase:

a) Crónica.
b) Acelerada.

c) Crisis blástica.
d) Recaída.

Respuesta Correcta: b) Acelerada.

La LMC se caracteriza por presentar 3 fases: crónica, en remisión, acelerada, donde aparecen de nuevo los síntomas y hay un fracaso terapéutico, y crisis blástica, que puede originar el paso a una leucemia aguda.

15. Para el diagnóstico de la LMC tomaremos una muestra de MO para un estudio:

a) De cariotipo.
b) De celularidad.
c) Del grado de mielofibrosis.
d) Todas son ciertas.

Respuesta Correcta: d) Todas son ciertas.

Para realizar el diagnóstico de la LMC realizaremos un análisis de sangre completo, un frotis y un estudio de MO. En esta realizaremos un estudio del cariotipo, de celularidad y del grado de mielofibrosis.

Solución al test n.º 13

1. d) Las opciones a) y b) son ciertas.

2. d) Todas estas afirmaciones son ciertas.

3. d) No existen diferencias morfológicas llamativas dificultando así su diferenciación.

4. c) Mononuclear.

5. b) La opsonización del agente extraño.

6. c) 4.5×10^9/L.

7. c) Por debajo de 4×10^9/L.

8. b) Hipertiroidismo.

9. a) El recubrimiento de las partículas a fagocitar por sustancias que posibilitan la ingestión de estas partículas.

10. a) 2 placas de petri.

11. c) Fijación de la extensión, incubación y tinción de contraste.

12. c) Un precipitado amarillo ocre.

13. c) Su pronóstico suele ser muy malo.

14. b) Acelerada.

15. d) Todas son ciertas.

TEST N.º 14

Fisiología y morfología de las plaquetas: recuento y alteraciones morfológicas de las plaquetas. Patologías del Sistema plaquetario: alteraciones cuantitativas y cualitativas, pruebas analíticas para el diagnóstico y seguimiento de estas patologías

1. Los gránulos α son:

a) Gránulos escasos que presentan aminas y ATP.
b) Gránulos específicos de las plaquetas que contienen factores plaquetarios.
c) Gránulos secundarios presentes en los leucocitos que presentan enzimas de activación.
d) Ninguna de las anteriores es cierta.

2. En el recuento de Fonio el frotis será teñido con:

a) Giemsa.
b) May Grunwald.
c) Sudán negro.
d) EDTA.

3. Podemos definir una trombocitosis como una disminución del recuento plaquetario inferior a:

a) 3.000/mm^3.
b) 400.000/mm^3.
c) 150.000/mm^3.
d) Ninguna de las anteriores.

4. La parte de las plaquetas encargada de la adhesión se denomina:

a) Membrana celular.
b) Glucocáliz.
c) Hialoplasma.
d) Ninguna de las anteriores.

5. ¿Cuál de las siguientes afirmaciones sobre la estructura de las plaquetas es cierta?

a) Se hallan rodeadas por una pared celular que se compone de una capa exterior o glucocáliz y la membrana celular.
b) La membrana celular presenta una disposición bilaminar con fosfolípidos y fructosa.
c) Su pared presenta multitud de ácidos directamente relacionados con la coagulación.
d) Todas son ciertas.

6. ¿Cuál de los siguientes no es un error típico en el recuento plaquetario?

a) Satelismo.
b) Agregación plaquetaria.
c) Superposición plaquetaria.
d) Todos son errores normales en el recuento.

7. ¿Cuál de las siguientes afirmaciones sobre las plaquetas es cierta?

a) Son pequeñas figuras redondeadas u ovoides.
b) Su volumen normal es de 140 – 400.000/mm^3.
c) Su vida media es de 8 – 13 días.
d) Todas estas afirmaciones sobre las plaquetas son ciertas.

8. El recuento de plaquetas se realiza en la cámara de:

a) Petri.
b) Neubauer.
c) Thimerosal.
d) Se realiza en tubos de recuento.

9. El recuento de fonio se considera indirecto porque:

a) Las plaquetas se dan en función del número de hematíes encontrados.
b) Las plaquetas se cuentan por la sombra que forman en suspensión.
c) Las plaquetas no las contamos nosotros, las cuenta una máquina.
d) Ninguna de las anteriores es cierta.

10. ¿Cuál de las siguientes no es una trombocitopatía adquirida?

a) Anemia aplásica.
b) Defectos de agregación plaquetaria.
c) CID.
d) Leucemia aguda.

11. ¿Cuál de las siguientes afirmaciones sobre la PTT es falsa?

a) También se conoce como síndrome hemolítico urémico.
b) Si no se trata puede ser una enfermedad mortal.
c) La base de la enfermedad consiste en agregaciones de plaquetas que obstruyen la luz de los pequeños vasos originando isquemias a diferentes niveles.
d) También se conoce como enfermedad de Werlhof.

12. La pared de las plaquetas presenta multitud de proteínas relacionadas directamente con la coagulación sanguínea; entre ellas no encontramos:

a) FvW.
b) Complejo Ib-IX.
c) Complejo IIb – IIIa.
d) Complejo Ia – IIa.

En MADTEST tienes **más preguntas de este tema, comentadas y argumentadas**, y todos tus avances quedan registrados y se reflejan en el ranking.

¡Supera tus límites con MADTEST!

A continuación te presentamos algunos ejemplos de preguntas comentadas:

13. No es una trombocitopatía congénita:

a) Defecto en la movilización del calcio.
b) Defecto en la agregación plaquetaria.
c) Defecto en la adherencia de plaquetas al endotelio vascular.
d) Alteraciones farmacológicas.

Respuesta Correcta: d) Alteraciones farmacológicas.

En las trombocitopatías cualitativas aparece un defecto que altera la funcionalidad plaquetaria a diferentes niveles. Podemos dividirlas en congénitas y adquiridas.

14. ¿Cuál de las siguientes afirmaciones sobre el síndrome de Bernard – Soulier es falsa?

a) Origina un defecto en la agregación plaquetaria.
b) Se hereda de forma recesiva.
c) Cursa con un número de plaquetas normal.
d) Presenta un tamaño plaquetario aumentado.

Respuesta Correcta: a) Origina un defecto en la agregación plaquetaria.

El síndrome de Bernard – Soulier origina una alteración en la adherencia plaquetaria por una alteración en los niveles de la glucoproteína Ib, disminución de las glucoproteínas IX y V.

15. En la trombastenia de Glanzmann se encuentra alterada:

a) La adhesión plaquetaria.
b) La cascada externa.
c) La liberación del contenido plaquetario.
d) La fijación del fibrinógeno.

Respuesta Correcta: d) La fijación del fibrinógeno.

La alteración se encuentra en los complejos proteicos de la membrana GPIIb y IIIa, impidiendo la fijación del fibrinógeno y, por lo tanto, la coagulación normal de la sangre. Se ha asociado a anomalías de la integrina alfaVbeta3.

Solución al test n.º 14

1. b) Gránulos específicos de las plaquetas que contienen factores plaquetarios.

2. b) May Grunwald.

3. d) Ninguna de las anteriores.

4. b) Glucocáliz.

5. a) Se hallan rodeadas por una pared celular que se compone de una capa exterior o glucocáliz y la membrana celular.

6. d) Todos son errores normales en el recuento.

7. d) Todas estas afirmaciones sobre las plaquetas son ciertas.

8. b) Neubauer.

9. a) Las plaquetas se dan en función del número de hematíes encontrados.

10. b) Defectos de agregación plaquetaria.

11. d) También se conoce como enfermedad de Werlhof.

12. a) FvW.

13. d) Alteraciones farmacológicas.

14. a) Origina un defecto en la agregación plaquetaria.

15. d) La fijación del fibrinógeno.

TEST N.º 15

Fisiología y morfología de la coagulación: mecanismo de coagulación, fibrinolisis, métodos e instrumentos para el análisis de la formación y destrucción del coágulo, alteraciones de la hemostasia, pruebas analíticas para el diagnóstico y seguimiento de alteraciones de la hemostasia

1. Al romperse un vaso sanguíneo se inicia el proceso de la coagulación por:

a) Liberar los factores de la coagulación.
b) Dejar al descubierto el colágeno del interior.
c) Iniciar la hemostasia secundaria.
d) La descarga de las vacuolas plaquetarias.

2. La capa de los vasos sanguíneos que está en contacto con la sangre se denomina:

a) Capa muscular.
b) Capa adventicia.
c) Capa subendotelial.
d) Capa endotelial.

3. La fase de la agregación plaquetaria está mediada principalmente por:

a) ADP.
b) ARN.
c) FvW.
d) Lisozimas.

4. La formación de trombina tarda:

a) 15 segundos.
b) 7 minutos.
c) 5 minutos.
d) 30 segundos.

5. Un coágulo que se desprende y viaja por el torrente sanguíneo se denomina:

a) Ateroma.
b) Émbolo.
c) Gel.
d) Placa.

6. La fibrinólisis se consigue gracias al paso de:

a) Protrombina a trombina.
b) ATP a ADP.
c) Fibrinógeno en fibrina.
d) Plasminógeno en plasmina.

7. ¿Cuál de estos elementos no se consume durante la coagulación?

a) FI.
b) FXIII.
c) Cinógeno.
d) FV.

8. La prueba de Rumpel – Leede nos sirve para determinar:

a) La fragilidad capilar.
b) La adhesión plaquetaria.
c) El tiempo de sangría.
d) La agregación plaquetaria.

9. Es falso que la protrombina:

a) Se sintetiza en el hígado.
b) Está presente en el suero.
c) Es vitamina K dependiente.
d) Es común a la vía intrínseca y extrínseca.

10. La tromboplastina se encuentra en las plaquetas como:

a) Factor 3 plaquetario.
b) Tromboplastina hística.
c) Factor secretante 2.
d) Todas son ciertas.

11. El Factor IV es:

a) La proacelerina.
b) El calcio.

c) El fibrinógeno.
d) Stuart Prower.

12. El Factor V es:

a) Una lipoproteína.
b) Una glucoproteína.
c) Un catión.
d) Un anión.

En MADTEST tienes **más preguntas de este tema, comentadas y argumentadas**, y todos tus avances quedan registrados y se reflejan en el ranking.

¡Supera tus límites con MADTEST!

A continuación te presentamos algunos ejemplos de preguntas comentadas:

13. La proconvertina se activa por:

a) La trombina.
b) El factor Xa.
c) El factor XIIa.
d) Todas son ciertas.

Respuesta Correcta: d) Todas son ciertas.

La proconvertina es una glucoproteína sintetizada en el hígado que se activa por la trombina y por el factor Xa, aunque también se puede activar por los factores IXa y XIIa.

14. No es una función del factor de Von Willebrand:

a) Activar el factor de Stuart Prower.
b) Facilita la agregación plaquetaria.
c) Contribuye a la adhesión plaquetaria.
d) Mantiene los niveles de VIII- C.

Respuesta Correcta: a) Activar el factor de Stuart Prower.

El Factor VIII presenta dos fracciones, el factor de Von Willebrand y el Factor VIII-C, cada una presenta una función específica, la función de Activar el factor de Stuart Prower pertenece a las funciones del factor VIII –C.

15. Los pacientes que presentan la enfermedad de Christmas presentan una alteración del factor:

a) V.
b) IX.
c) VIII.
d) XII.

Respuesta Correcta: b) IX.

El factor IX se conoce también como antihemofílico B o factor de Christmas, su alteración genera una enfermedad conocida como enfermedad de Christmas.

Solución al test n.º 15

1. b) Dejar al descubierto el colágeno del interior.

2. d) Capa endotelial.

3. a) ADP.

4. a) 15 segundos.

5. b) Émbolo.

6. d) Plasminógeno en plasmina.

7. c) Cinógeno.

8. a) La fragilidad capilar.

9. b) Está presente en el suero.

10. a) Factor 3 plaquetario.

11. b) El calcio.

12. b) Una glucoproteína.

13. d) Todas son ciertas.

14. a) Activar el factor de Stuart Prower.

15. b) IX.

Inmunología celular: antígeno y anticuerpo. Reacción antígeno- anticuerpo y síntesis de anticuerpos. Sistema del complemento. Antígenos de histocompatibilidad. Mecanismos de la respuesta inmune

1. ¿Qué inmunidad no requiere exposición previa al patógeno para que esta actúe?

a) Inmunidad específica.
b) Inmunidad celular mediada por linfocitos.
c) Inmunidad humoral mediante anticuerpos.
d) Inmunidad innata.

2. ¿Qué inmunidad adquirida es activa y artificial?

a) Sueros o gammaglobulinas.
b) Mediante Ig G Transplacentaria (de madre a feto).
c) Vacunas.
d) Citoquinas.

3. ¿Qué inmunoglobulina (Ig) es capaz de atravesar la placenta?

a) Inmunoglobulina A.
b) Inmunoglobulina G.
c) Inmunoglobulina M.
d) Inmunoglobulina E.

4. ¿Qué Ig participa en reacciones alérgicas?

a) Inmunoglobulina D.
b) Inmunoglobulina G.
c) Inmunoglobulina M.
d) Inmunoglobulina E.

5. ¿Qué tipos de Ig actúan en la citotoxicidad celular dependiente de anticuerpo?

a) Inmunoglobulinas G, E, y A.
b) Inmunoglobulinas D, E, y A.
c) Inmunoglobulinas M, D, E, y A.
d) Inmunoglobulinas M y G.

6. ¿Qué fuerzas no están implicadas en la unión Ag-Ac?

a) Fuerzas electrostáticas.
b) Fuerzas producidas por los puentes de hidrógeno.
c) Fuerzas intranucleares fuertes.
d) Fuerzas de Van de Waals.

7. El sistema complemento se denomina así porque *complementa* la respuesta inmunológica de:

a) Los linfocitos.
b) Los macrófagos.
c) Los fagocitos.
d) Los anticuerpos.

8. La mayoría de los componentes del complemento se sintetizan en:

a) Los pulmones.
b) Los riñones.
c) El hígado.
d) El bazo.

9. Al activarse un componente del sistema complemento se:

a) Une a otro componente, para originar la reacción en cascada 2 a 2.
b) Rompe en dos fragmentos idénticos.
c) Rompe en dos fragmentos, uno grande (b) y otro pequeño (a).
d) Nada de lo anterior es cierto.

10. ¿Cómo se denominan los anticuerpos Ig G que pueden unirse a los antígenos fijados a las partículas, pero no aglutinarlos, y que intervienen en el test de Coombs?

a) Anticuerpos completos.
b) Anticuerpos incompletos.
c) Anticuerpos activos.
d) Anticuerpos inactivos.

11. ¿Qué prueba de estas detecta anticuerpos no aglutinantes libres en el suero?

a) Prueba de Coombs indirecta.
b) Prueba de Coombs directa.
c) Inhibición de la aglutinación.
d) Son ciertas las respuestas a) y b).

12. El método de precipitación de Mancini es la técnica de:

a) Inmunodifusión doble.
b) Electroinmunodifusión.
c) Inmunodifusión radial.
d) Inmunoelectroforesis.

En MADTEST tienes **más preguntas de este tema, comentadas y argumentadas**, y todos tus avances quedan registrados y se reflejan en el ranking.

¡Supera tus límites con MADTEST!

A continuación te presentamos algunos ejemplos de preguntas comentadas:

13. ¿Cómo se denominan los linfocitos encargados de inhibir la respuesta inmunitaria?

a) Células T de cooperación.
b) Células T efectoras.
c) Células T citotóxicas.
d) Células T supresoras.

Respuesta Correcta: d) Células T supresoras.

Los CD8 o linfocitos supresores, citolíticos (Tc o T8), regulan de forma negativa las respuestas inmunes, es decir, reprimen a los linfocitos T, mediante la secreción de unas proteínas llamadas perforinas destruyendo por lisis las células infectadas. Sus funciones son, citotoxicidad y supresión de la respuesta inmune.

14. En las técnicas de aglutinación cuando los antígenos, que intervienen en la reacción son particulados, la reacción se llama:

a) Aglutinación indirecta.
b) Aglutinación pasiva.

c) Aglutinación directa.
d) Aglutinación completa.

Respuesta Correcta: c) Aglutinación directa.

Cuando los antígenos que intervienen en la reacción son particulados per se la reacción se llama: aglutinación directa o activa. Como ejemplos de estos antígenos están las bacterias y los hematíes. Cuando los antígenos, para que se produzca la reacción de aglutinación, tienen que ser acoplados a la superficie de células o partículas inertes (látex, bentonita...) la reacción se llama: aglutinación indirecta o pasiva.

15. La técnica cualitativa de inmunoprecipitación que se realiza en la placa de Petri o en un portaobjetos y su finalidad es comparar diferentes antígenos o distintos anticuerpos se denomina:

a) ELISA.
b) Técnica de contrainmunoelectroforesis.
c) Técnica de Ouchterlony.
d) Técnica de Mancini.

Respuesta Correcta: c) Técnica de Ouchterlony.

Esta técnica se realiza en placas de agar en donde se realizan pocillos, en unos de estos pocillos se coloca el suero o muestras a investigar y en el resto se coloca el anticuerpo preparado frente a la sustancia que se quiere identificar.

Se depositan el Ag y el Ac en pocillos diferentes en una placa de agar. Al incubarse se produce su difusión, apareciendo un arco de precipitación en el punto de equivalencia Ag-Ac. La ventaja de esta prueba es la posibilidad de poder analizar la relación que puede existir entre dos mezclas antigénicas. Para ello hemos de fijarnos en la forma de las líneas de precipitación.

Solución al test n.º 16

1. d) Inmunidad innata.

2. c) Vacunas.

3. b) Inmunoglobulina G.

4. d) Inmunoglobulina E.

5. a) Inmunoglobulinas G, E, y A.

6. c) Fuerzas intranucleares fuertes.

7. d) Los anticuerpos.

8. c) El hígado.

9. c) Rompe en dos fragmentos, uno grande (b) y otro pequeño (a).

10. b) Anticuerpos incompletos.

11. a) Prueba de Coombs indirecta.

12. c) Inmunodifusión radial.

13. d) Células T supresoras.

14. c) Aglutinación directa.

15. c) Técnica de Ouchterlony.

TEST N.º 17

Antígenos y anticuerpos eritrocitarios, leucocitarios y plaquetarios. Sistema ABO. Sistema Rh. Otros sistemas Compatibilidad eritrocitaria entre donante y receptor. Técnicas de fraccionamiento, separación y conservación de hemoderivados

1. Los antígenos del sistema ABO están presentes en todos los tejidos excepto en:

a) Dermis.
b) Útero.
c) Sistema nervioso central.
d) Ésta presente en todos estos tejidos.

2. El antisuero B es de color:

a) Amarillo.
b) Azul.
c) Rojo.
d) Verde.

3. Los anticuerpos del sistema ABO suele ser en su mayoría:

a) IgG.
b) IgA.
c) IgF.
d) IgE.

4. La nomenclatura más usada para nombrar los antígenos del sistema Rh es la:

a) Landsteiner.
b) Fisher.
c) Wiener.
d) Coombs.

5. ¿Quién de los siguientes autores no ha dado ninguna teoría sobre la herencia genética del sistema Rh?

a) Rosendfield.
b) Fisher.
c) Wiener.
d) Todos han dado teorías sobre la herencia genética.

6. La teoría genética de Fisher es:

a) Que solo se hereda un gen mosaico que llevara diferentes factores que determinaran que el individuo sea positivo o negativo.
b) Que se hereda tres genes diferentes de cada padre localizados en loci muy próximos y la unión de los seis dará lugar a la positividad o la negatividad del individuo.
c) Que se heredan dos genes básicos y tres complementarios de cada padre y la unión de los diez dará lugar a la positividad o la negatividad del individuo.
d) Ninguna es cierta.

7. El antisuero A es de color:

a) Amarillo.
b) Azul.
c) Rojo.
d) Verde.

8. ¿Cuál de los siguientes sistemas corresponde a los antígenos leucocitarios?

a) ABO.
b) Rh.
c) HLA.
d) Fisher.

9. La determinación del grupo según el sistema ABO debe realizarse a una temperatura:

a) 37 ºC.
b) 10 ºC.
c) 4 ºC.
d) Ambiente.

10. Los anticuerpos irregulares:

a) Son anticuerpos que aparecen en cantidades muy pequeñas.
b) Son anticuerpos específicos del sistema Rh.
c) Son anticuerpos que sólo aparecen en las transfusiones sanguíneas.
d) Ninguna es cierta.

11. El antígeno mayoritario del sistema Kell es:

a) Jsa.
b) Kpb.
c) k.
d) K.

12. El sistema P presenta:

a) 10 antígenos.
b) 5 antígenos.
c) 2 antígenos.
d) 100 antígenos.

En MADTEST tienes **más preguntas de este tema, comentadas y argumentadas**, y todos tus avances quedan registrados y se reflejan en el ranking.

¡Supera tus límites con MADTEST!

A continuación te presentamos algunos ejemplos de preguntas comentadas:

13. Denominamos eritrocitos mosaicos D a:

a) Aquellos que presentan en su estructura antígeno D y antígenos d.
b) Aquellos eritrocitos que presentan un antígeno D incompleto.
c) Aquellos eritrocitos que presentan en su ADN la codificación de antígenos G.
d) Ninguna es cierta.

Respuesta Correcta: b) Aquellos eritrocitos que presentan un antígeno D incompleto.

Existen varios antígenos del sistema D y varias alteraciones posibles, entre estos hay un antígeno D incompleto, que origina eritrocitos mosaicos pero que deben ser tratados como positivos.

14. Los pacientes que presentan un Rh nulo son aquellos que presentan:

a) Un antígeno F−.
b) Genes amorfos.
c) Antígeno D incompleto.
d) Haplotipo globalmente deprimido.

Respuesta Correcta: b) Genes amorfos.

Cuando el paciente presenta genes amorfos o silenciosos se conocen como Rh nulo y no presentan ningún tipo de antígeno.

15. ¿Cuál de las siguientes características es propia de la forma prenatal de la eritroblastosis fetal?

a) La ictericia aparece inmediatamente tras el nacimiento.
b) La bilirrubina indirecta es eliminada por el riñón fetal.
c) El feto presenta anemia, hidrops fetal y acidosis.
d) La orina del recién nacido es oscura por bilirrubina conjugada.

Respuesta Correcta: c) El feto presenta anemia, hidrops fetal y acidosis.

En la forma prenatal de la eritroblastosis fetal (EHRN), la destrucción inmunológica de los hematíes fetales por anticuerpos maternos provoca anemia severa. Esta puede desencadenar insuficiencia cardíaca, hidrops fetal (edema generalizado) y alteraciones metabólicas como acidosis. La bilirrubina generada se conjuga en el hígado materno, por lo que no hay ictericia ni eliminación renal fetal. La primera orina del recién nacido es clara, lo que confirma la conjugación placentaria.

Solución al test n.º 17

1. d) Está presente en todos estos tejidos.

2. a) Amarillo.

3. a) IgG.

4. b) Fisher.

5. d) Todos han dado teorías sobre la herencia genética.

6. b) Que se hereda tres genes diferentes de cada padre localizados en loci muy próximos y la unión de los seis dará lugar a la positividad o la negatividad del individuo.

7. b) Azul.

8. c) HLA.

9. d) Ambiente.

10. a) Son anticuerpos que aparecen en cantidades muy pequeñas.

11. c) k.

12. b) 5 antígenos.

13. b) Aquellos eritrocitos que presentan un antígeno D incompleto.

14. b) Genes amorfos.

15. c) El feto presenta anemia, hidrops fetal y acidosis.

TEST N.º 18

Microbiología: características diferenciales de bacterias, hongos, parásitos y virus. Técnicas de observación. Tipos de tinciones

1. ¿Quién fue el primer científico que se dedico a aislar los microorganismos, incubarlos y posteriormente estudiarlos?

a) Antoni Van Leeuwenhoek.
b) Pasteur.
c) Haeckel.
d) Koch.

2. Antes del descubrimiento de los microorganismos, los seres vivos se clasificaban en dos reinos; el reino animal y el vegetal, a partir de dicho descubrimiento se realiza una nueva clasificación que incluye un nuevo reino; este reino es el de:

a) Arqueas.
b) Eucariotas.
c) Protistas.
d) Animáculos.

3. Se considera un cronómetro molecular:

a) Moléculas presentes en todos los seres vivos.
b) Ribosomas.
c) 16sARNr.
d) Las respuestas a) y c) son correctas.

4. Las células procariotas no contienen:

a) Membrana nuclear.
b) Retículo endoplasmático.
c) Aparato de Golgi.
d) Nada de lo anterior está presente en una célula procariota.

5. El tamaño del ribosoma en una célula eucariota es de:

a) 50 S.
b) 80 S.
c) 70 S.
d) 60 S.

6. Las bacterias son:

a) Parásitos intracelulares obligados.
b) Células eucariotas.
c) Células procariotas.
d) Todas las respuestas son falsas.

7. Las fimbrias o pilis:

a) Se relacionan con el movimiento bacteriano.
b) Están compuestas por flagelina.
c) Poseen capacidad de adherencia y transferencia de material genético de una bacteria a otra.
d) Todas las respuestas son correctas.

8. Las enterobacterias son:

a) Cocos.
b) Espirilos.
c) Bacilos.
d) Ninguna es correcta.

9. Las bacterias cuando se dividen tienden a permanecer unidas mediante:

a) Cilios.
b) Flagelos.
c) Pilis.
d) Ninguna es correcta.

10. Una posición lofótrica es aquella:

a) En que el flagelo se dispone de forma polar.
b) En que se disponen los flagelos en forma de penacho.
c) En que los flagelos se agrupan formando dos penachos en los polos de las células.
d) En que los flagelos están distribuidos por toda la superficie bacteriana.

11. Un examen en fresco se puede realizar mediante:

a) Método de gota.
b) Método de la cámara húmeda.

c) Coloración.
d) Las respuestas a) y b) son correctas.

12. El examen en fresco no se realiza para:

a) Observar la movilidad.
b) Observar sus características morfológicas.
c) Observar su estructura interna.
d) Observar un microorganismo flagelado.

En MADTEST tienes **más preguntas de este tema, comentadas y argumentadas**, y todos tus avances quedan registrados y se reflejan en el ranking.

¡Supera tus límites con MADTEST!

A continuación te presentamos algunos ejemplos de preguntas comentadas:

13. La coloración vital:

a) Es un proceso intermedio entre el examen en fresco y las técnicas de coloración después de la fijación.
b) Tiene como objetivo poner de relieve destalles estructurales de los microorganismo, que no es posible observarlos en fresco, sin causar modificaciones físicas o químicas incompatibles con el elemento observado.
c) En general no tiñen, sino que se acumulan en ciertas partes del microorganismo.
d) Todas son correctas.

Respuesta Correcta: d) Todas son correctas.

Es un proceso intermedio entre el examen en fresco y las técnicas de coloración después de fijación. Tiene como objeto poner de relieve detalles estructurales de los microorganismos, que no es posible observarlos en fresco, sin causar modificaciones físicas o químicas incompatibles con el elemento examinado.

En general no tiñen, sino que se acumulan en ciertas partes del microorganismo. Se deben emplear colorantes atóxicos a diluciones muy altas.

14. No un colorante vital:

a) Moreno de Bismark.
b) Azul de tripán.

c) Verde Janus.
d) Cristal de metanol.

Respuesta Correcta: d) Cristal de metanol.

Son colorantes vitales:

- Azul de metileno.

- Nigrosina.

- Moreno de Bismark.

- Azul de tripán.

- Verde Janus fisiológico, etc.

15. La técnica que permite teñir varias preparaciones a la vez, introduciendo la extensión en los recipientes que contienen los colorantes, se denomina:

a) Técnica de vertido.
b) Técnica de inmersión.
c) Técnica diferencial.
d) Las opciones a) y c) son correctas.

Respuesta Correcta: b) Técnica de inmersión.

La técnica de inmersión, permite teñir varias preparaciones a la vez; se realiza introduciendo la extensión en el/los recipiente/s que contiene/n el/los colorante/s.

Solución al test n.º 18

1. b) Pasteur.

2. c) Protistas.

3. d) Las respuestas a) y c) son correctas.

4. d) Nada de lo anterior está presente en una célula procariota.

5. b) 80 S.

6. c) Células procariotas.

7. c) Poseen capacidad de adherencia y transferencia de material genético de una bacteria a otra.

8. c) Bacilos.

9. c) Pilis.

10. b) En que se disponen los flagelos en forma de penacho.

11. d) Las respuestas a) y b) son correctas.

12. c) Observar su estructura interna.

13. d) Todas son correctas.

14. d) Cristal de metanol.

15. b) Técnica de inmersión.

Características del crecimiento de los microorganismos. Medios de cultivo para crecimiento y aislamiento primario. Características y clasificación de los medios de cultivo. Técnicas de inoculación, aislamiento y recuentos celulares bacterianos

1. Para estudiar el crecimiento bacteriano se utiliza:

a) El crecimiento del individuo.
b) El crecimiento poblacional.
c) Ambos tipos de crecimientos.
d) Los productos de las rutas metabólicas.

2. La generación de ATP proporciona la célula energía de enlace. Señala qué reacciones proporcionan ATP:

a) Generación de fuerza reductora.
b) Fosforilación oxidativa y de sustrato.
c) Generación de unidades estructurales biosintéticas.
d) Todas son correctas.

3. Una reacción catabólica:

a) Da lugar a la producción de unidades estructurales biosintéticas (UEB).
b) Produce precursores de UEB.
c) Degrada sustratos, con generación de energía de enlace y fuerza reductora.
d) Produce estructuras celulares.

4. La utilización de medios de cultivos es necesaria para:

a) La separación y aislamiento de las distintas especies microbianas presentes en una muestra.
b) Como paso previo para el estudio de identificación de un microorganismo problema.
c) Conocer el tipo de metabolismo que presenta en función del nutriente o sustrato que utiliza o metabolito que produce.
d) Todas son correctas.

5. ¿Cuáles son los factores ambientales más importantes para favorecer el desarrollo de las bacterias?

a) Disponibilidad de oxígeno y dióxido de carbono.
b) Humedad del medio y de la atmósfera.
c) Presión osmótica.
d) Todos los anteriores son factores ambientales para el desarrollo de las bacterias.

6. Una bacteria psicrófila crece a una temperatura:

a) Entre 18 y 45 ºC.
b) Por encima de 45 y 70 ºC.
c) Inferior a -10 ºC.
d) Inferior a 20 ºC.

7. ¿Qué elementos utilizaremos para realizar una siembra desde una muestra líquida?

a) Asa de siembra.
b) Pipeta.
c) Hisopo.
d) Todos se utilizan.

8. ¿Cómo se realizaría una siembra desde unas muestras sólidas y utilizando el asa de siembra?

a) Desde la placa Petri o en tubo inclinado, tomando una colonia e inoculando por arrastre en la superficie solida mediante estrías muy juntas.
b) Se tomaran una o más colonias y s ese sembrarán en picadura.
c) Se introducirá el asa en la masa de agar después se pueden hacer estrías en la superficie si el agar es inclinado.
d) Realizando una suspensión bacteriana.

9. Las técnicas de aislamiento mecánicas consisten en:

a) Manipular las bacterias consiguiendo separarlas por dilución, diseminación en superficie de medios sólidos por agotamiento o por micrométodos.
b) Manipular las bacterias mediante la utilización de diferentes medios de cultivo.
c) Empleando las características físico-químicas para separar bacterias.
d) Todas son técnicas de aislamiento mecánicas.

10. El examen de confirmación de una septicemia se realiza mediante:

a) PCR.
b) Hemocultivo.
c) Antibiograma.
d) Urocultivo.

11. El mejor momento para obtener la muestra de sangre para un hemocultivo es:

a) Entre 3 horas y 1 hora.
b) Entre 2 horas y 30 minutos.
c) Entre 1 hora y 10 minutos.
d) A los 60 minutos.

12. Respecto a la obtención de la muestra del paciente para los hemocultivos es incorrecto que:

a) Deben seguirse estrictas medidas de asepsia para evitar la contaminación.
b) La recomendación general es obtener dos hemocultivos en un período de 24 horas.
c) Debe utilizarse siempre la misma vena en todas las extracciones.
d) En ningún caso se recomienda la obtención de solo un hemocultivo (excepto niños) y en el último tiempo se ha considerado la evaluación de los hemocultivos solitarios (únicos) como un instrumento para evaluar el control de calidad en microbiología.

En MADTEST tienes **más preguntas de este tema, comentadas y argumentadas**, y todos tus avances quedan registrados y se reflejan en el ranking.

¡Supera tus límites con MADTEST!

A continuación te presentamos algunos ejemplos de preguntas comentadas:

13. ¿Qué frascos permiten recoger las muestras sin manipularlas excesivamente y sin que haya riesgo de que se contaminen?

a) Frascos de boca estrecha.
b) Frascos de boca ancha.
c) Hisopos.
d) Jeringas.

Respuesta Correcta: b) Frascos de boca ancha.

Frascos de boca ancha, de plástico y con tapa de rosca: permiten recoger las muestras sin manipularlas excesivamente y sin que haya riesgo de que se contaminen. Se comercializan estériles. Hay distintas variedades de frascos de boca ancha para tomar la muestra:

– Frascos para urocultivo: de unos 150 ml.

– Frascos para heces: provistos de una cucharilla para la recogida.

– Frascos para esputo: de unos 30 ml de capacidad. Se pueden sustituir por una placa de petri.

14. El protocolo de trabajo de una muestra de orina, se realiza:

a) Cultivándola rápidamente en medio selenito.
b) Se siembra realizando previamente una licuefacción.
c) Se siembra con asa calibrada 0,02 ml en un medio para contaje, por ejemplo Agar MacConkey, Levine o Cled.
d) Se transporta rápidamente al laboratorio y se realiza un examen en fresco y una tinción Gram.

Respuesta Correcta: c) Se siembra con asa calibrada 0,02 ml en un medio para contaje, por ejemplo Agar MacConkey, Levine o Cled.

La muestra de orina se siembra con una asa calibrada 0,02 ml en un medio para contaje, por ejemplo, agar-sangre (crecen cocos Gram +). Se siembra también en un medio diferencial, por ejemplo agar MacConkey, Levine o Cled (para bacilos Gram –). Según los resultados anteriores, se realiza una tinción de Gram y se prosigue con otros medios de cultivo hasta identificar el microorganismo causal.

15. Señala cuál de los siguientes microorganismos es comensal del tracto respiratorio superior:

a) *Micobacterium tuberculosis.*
b) *Corynebacterium.*
c) *Legionella.*
d) Todos lo son.

Respuesta Correcta: b) *Corynebacterium.*

La flora normal de las vías respiratorias altas se debe conocer para la interpretación de los resultados de laboratorio. Son comensales de las vías respiratoria superiores: Streptococcus sp. (alfa, beta, no hemolítico), *Neisseria spp., Haemophilus sp., Corynebacterium sp., Staphylococcus sp., Micrococcus sp., Veillonella sp., Peptostreptococcus sp., Actinomyces sp., Mycoplasma sp., Bacteroides sp., Fusobacterium sp., Candida sp.*

Solución al test n.º 19

1. c) Ambos tipos de crecimientos.

2. b) Fosforilación oxidativa y de sustrato.

3. c) Degrada sustratos, con generación de energía de enlace y fuerza reductora.

4. d) Todas son correctas.

5. d) Todos los anteriores son factores ambientales para el desarrollo de las bacterias.

6. d) Inferior a 20 ºC.

7. d) Todos se utilizan.

8. a) Desde la placa Petri o en tubo inclinado, tomando una colonia e inoculando por arrastre en la superficie solida mediante estrías muy juntas.

9. a) Manipular las bacterias consiguiendo separarlas por dilución, diseminación en superficie de medios sólidos por agotamiento o por micrométodos.

10. b) Hemocultivo.

11. b) Entre 2 horas y 30 minutos.

12. c) Debe utilizarse siempre la misma vena en todas las extracciones.

13. b) Frascos de boca ancha.

14. c) Se siembra con asa calibrada 0,02 ml en un medio para contaje, por ejemplo Agar MacConkey, Levine o Cled.

15. b) *Corynebacterium*.

TEST N.º 20

Características de los microorganismos implicados en procesos infecciosos: cocos gram positivos y gram negativos. Bacilos gram positivos y gram negativos. Aerobios y anaerobios. Micobacterias: medios de cultivo e identificación. Patología y tipos de tuberculosis: pruebas de laboratorio

1. Dentro de los medios selectivos diferenciales para los estafilococos utilizamos:

a) Agar sangre.
b) Trayer-Martin.
c) Agar yema de huevo.
d) Agar manitol salado.

2. La clasificación de los estreptococos se basan en:

a) Su carácter hemolítico.
b) Su estructura antigénica.
c) Su morfología.
d) Las respuestas a) y b) son correctas.

3. *S. Pyogenes* produce:

a) Faringitis.
b) Fiebres reumáticas.
c) Glomerulonefritis.
d) Todas son ciertas.

4. Para diferenciar el *Streptcoccus pyogenes* de un enterococo se realiza la prueba de la bilis esculina:

a) Es positiva para enterococos.
b) Es positiva para el estreptococo.
c) Es negativa para enterococos.
d) Es positiva para *S. pyogenes*.

5. El *Clostridium perfringens* produce:

a) El tétanos.
b) El botulismo.
c) La gangrena.
d) La tos ferina.

6. Los *Clostridium* son anaerobios obligados por eso se realiza una siembra rápida utilizándose normalmente:

a) Agar Sabouraud.
b) Agar yema de huevo.
c) Agar chocolate enriquecido.
d) Agar MacConkey.

7. Para identificar la toxina botulínica actualmente se utiliza:

a) Nefelometría.
b) ELISA.
c) Cromatografía.
d) Espectrofotometría.

8. Nocardia:

a) Es una bacteria gram positiva que se encuentra en los suelos.
b) Son catalasa positivas y con forma de bacilos filamentosos.
c) Es acidorresistente.
d) Todas son correctas.

9. Si se produce una septicemia por gonococos (gonococemia) NO es necesario realizar para la confirmación del diagnóstico:

a) Rash cutáneo.
b) Hemocultivo.
c) Extracción líquido cefalorraquídeo.
d) Biopsias de las lesiones cutáneas.

10. *N. meningitidis* puede:

a) Provocar neumonías.
b) Provocar poliartritis.
c) Producir endocarditis.
d) Todas son correctas.

11. *M. avium* **y** *M. intracellulare***:**

a) Tienen similares características de crecimiento y de comportamiento, lo que hacen difícil su diferenciación.
b) Se informan en el laboratorio como MAC.
c) Están presentes en cualquier tipo de ambiente.
d) Todas son correctas.

12. ¿Cuál es la muestra más frecuente para el estudio de micobacterias?

a) Orina.
b) Líquido pleural.
c) Esputo.
d) Sangre.

En MADTEST tienes **más preguntas de este tema, comentadas y argumentadas**, y todos tus avances quedan registrados y se reflejan en el ranking.

¡Supera tus límites con MADTEST!

A continuación te presentamos algunos ejemplos de preguntas comentadas:

13. Las muestras tomadas de sitios contaminados se deben descontaminar antes de su inoculación en el medio y a aislamiento de las micobacterias, señala cuál es un protocolo de descontaminación usado en los laboratorios de micobacterias:

a) Método Petroff.
b) Método Kubica-Kransow.
c) Método Tacquet y Tison.
d) Todas son correctas.

Respuesta Correcta: d) Todas son correctas.

Existen numerosos protocolos de descontaminación: método de Petroff (hidróxido sódico), método de Kubica-Krasnow (cisteína y cloruro de benzalconio) método de Tacquet y Tison (hidróxido sódico y laurilsulfato de sodio), entre otros.

14. ¿Qué medio de cultivo líquido se utiliza en sistemas automatizados BACTEC?

a) Löwenstein.
b) Jensen.

c) MGIT.

d) Agua peptona.

Respuesta Correcta: c) MGIT.

MGIT (Mycobacterial Growtth Indicador Tube). El tubo MGIT contiene caldo de Middle-brook 7H9 modificado. Es utilizado para sistemas automatizados de incubación y lectura (BACTEC MGIT 960©), a este medio se le añade caldo de enriquecimiento OADC (ácido oleico, albúmina, dextrosa y catalasa) y mezcla antibiótica PANTA (polimixina B, anfotericina B, ácido nalidíxico, trimetoprina, azlocilina).

15. Las técnicas basadas en la detección del interferón gamma (IGRA):

a) No son fáciles de estandarizar ni de aplicar en el laboratorio.

b) No evitan la subjetividad en la interpretación de resultados.

c) No incorporan controles positivos, lo que genera errores de lectura.

d) Detectan interferón gamma liberado por linfocitos T tras estímulo con antígenos específicos.

Respuesta Correcta: d) Detectan interferón gamma liberado por linfocitos T tras estímulo con antígenos específicos.

Las pruebas IGRA se utilizan para detectar infección por *Mycobacterium tuberculosis* mediante la medición del interferón gamma liberado por linfocitos T sensibilizados, tras su estimulación in vitro con antígenos específicos del bacilo. Estas técnicas están estandarizadas, no dependen de interpretación subjetiva como la prueba de la tuberculina, e incorporan controles que aumentan su fiabilidad.

Solución al test n.º 20

1. d) Agar manitol salado.

2. d) Las respuestas a) y b) son correctas.

3. d) Todas son ciertas.

4. a) Es positiva para enterococos.

5. c) La gangrena.

6. b) Agar yema de huevo.

7. b ELISA.

8. d) Todas son correctas.

9. c) Extracción líquido cefalorraquídeo.

10. d) Todas son correctas.

11. d) Todas son correctas.

12. c) Esputo.

13. d) Todas son correctas.

14. c) MGIT.

15. d) Detectan interferón gamma liberado por linfocitos T tras estímulo con antígenos específicos.

TEST N.º 21

Identificación de bacterias de interés clínico: pruebas de identificación epidemiológicas, morfológicas, culturales, tintoriales, bioquímicas, de susceptibilidad y de análisis del genoma

1. ¿Qué características de identificación bacteriana se basan en los esquemas fenotípicos? Las características:

a) Genotípicas.
b) Influidas por el ambiente (paratípicas).
c) Observables.
d) Heredadas.

2. La tinción ácido-alcohol resistente es la tinción:

a) GRAM.
b) Ziehl-Neelsen.
c) Giemsa.
d) Löwenstein.

3. ¿Qué tinción permite la visualización de bacterias, levaduras, parásitos e inclusiones virales?

a) Tinta china.
b) Blando calcofluor.
c) Wright-Giemsa.
d) Ninguna de las anteriores.

4. ¿Qué tinción se emplea para microorganismos acido/alcohol resistentes requiriendo para su visualización el uso de microscopio de fluorescencia?

a) Azul de metileno.
b) Auramina- rodamina.
c) Tinta china.
d) Blando calcofluor.

5. ¿Cuál de estos es un medio de cultivo enriquecido?

a) Agar MacConkey.
b) Chapman.
c) Caldo de tioglicolato.
d) Agar sangre.

6. Las colonias de bacterias Gram negativas fermentadoras, cultivadas mediante el medio de cultivo agar MacConkey adoptan una coloración:

a) Amarilla.
b) Parda oscura.
c) Rosada.
d) Azulada.

7. ¿De qué color es el pigmento que produce la colonia de *Pseudomonas aeruginosa*?

a) Azul.
b) Rojo.
c) Verde.
d) Amarillo.

8. ¿Cómo se denominan las bacterias cuya temperatura óptima se encuentra entre los 45-70 ºC?

a) Aerófilas.
b) Psicrófilas.
c) Mesófilas.
d) Termófilas.

9. ¿Qué método de susceptibilidad bacteriana consiste en la difusión de un antimicrobiano impregnado en un disco de papel, sobre la superficie de una placa de agar sembrada previamente con el microorganismo de estudio?

a) Método de sustitución.
b) Método de Kirby-Bauer.
c) Método de epsilometría.
d) Método de dilución.

10. La identificación por métodos genotípicos tienen:

a) Baja especificidad y es muy sensible.
b) Alta especificidad y es poco sensible.
c) Baja especificidad y es poco sensible.
d) Alta especificidad y es muy sensible.

11. ¿En qué bacteria de estas es catalasa negativa?

a) *Staphylococcus*.
b) *Streptococcus*.
c) *Bacillus*.
d) *Micrococcus*.

12. ¿Qué tipo de coloración aparece en la zona de inoculación cuando se da una reacción bacteriana positiva con presencia de oxidasas?

a) Rojo magenta.
b) Púrpura.
c) Gris oscura.
d) Parda.

En MADTEST tienes **más preguntas de este tema, comentadas y argumentadas**, y todos tus avances quedan registrados y se reflejan en el ranking.

¡Supera tus límites con MADTEST!

A continuación te presentamos algunos ejemplos de preguntas comentadas:

13. ¿Qué enzima deben secretar las bacterias que originan presencia positiva de indol?

a) Catalasa.
b) Oxidasa.
c) Reductasa.
d) Triptofanasa.

Respuesta Correcta: d) Triptofanasa.

Las bacterias que producen la enzima triptofanasa pueden degradar el aminoácido triptófano en ácido pirúvico, amoniaco e indol. El indol se detecta observando la formación de una coloración rosa-roja en el medio al añadir paradimetilaminobenzaldehído (reactivo de Kovacs). Esta prueba se utiliza en numerosos esquemas de identificación, en especial para la identificación de E. coli, el bacilo Gram negativo más frecuente en el diagnóstico bacteriológico.

14. La hidrolisis de la urea por la ureasa da de producto final:

a) Ácido pirívico.
b) Ácido láctico.

c) Peptona.
d) Carbonato amónico.

Respuesta Correcta: d) Carbonato amónico.

La hidrólisis de urea es catalizada por la ureasa, dando carbonato amónico como producto final, con la consiguiente alcalinización del medio. Esta prueba se utiliza para la detección de la producción de esta enzima por parte de un microorganismo. Se aplica a la diferenciación de: Proteus (+), Yersinia pestis (–). El fundamento se basa en el cambio de color del indicador de pH (rojo de fenol).

15. ¿Qué prueba enzimática se utiliza para identificar cocos gram positivos como *S. pyogenes* y especies de *Enterococcus*? Prueba:

a) PYR.
b) Del indol.
c) De la ureasa.
d) De la transferasa.

Respuesta Correcta: a) PYR.

La enzima L-piroglutamil-aminopeptidasa hidroliza el sustrato L-pirrolidonil-beta naftilamida (PYR) para producir una beta naftilamina. Esta se combina con un reactivo (cinamaldehído) y produce un color rojo brillante. Esta prueba se utiliza para identificar cocos Gram positivos como *S. pyogenes* y especies de *Enterococcus*, que son positivos, mientras que los demás estreptococos son negativos.

Solución al test n.º 21

1. c) Observables.

2. b) Ziehl-Neelsen.

3. c) Wright-Giemsa.

4. b) Auramina- rodamina.

5. c) Caldo de tioglicolato.

6. c) Rosada.

7. c) Verde.

8. d) Termófilas.

9. b) Método de Kirby-Bauer.

10. d) Alta especificidad y es muy sensible.

11. b) *Streptococcus*.

12. b) Púrpura.

13. d) Triptofanasa.

14. d) Carbonato amónico.

15. a) PYR.

TEST N.º 22

Pruebas de sensibilidad a los antimicrobianos: tipos, interpretación. Concepto de resistencia antibacteriana. Pruebas de dilución y sensibilidad por dilución

1. Los antibióticos son producidos por:

a) Bacterias.
b) Hongos.
c) Actinomicetos.
d) Todas son correctas.

2. ¿Cómo se define a la mínima concentración de antimicrobiano que elimina a más del 99,9 % de los microorganismos viables después de un tiempo determinado de incubación?

a) Concentración mínima bactericida (CMB).
b) Concentración mínima inhibitoria (CMI).
c) Concentración máxima bactericida (CMMB).
d) Concentración máxima inhibitoria (CMMI).

3. Decir que los antimicrobianos actúan frente a un grupo limitado de microorganismos significa que poseen:

a) Elevada especificidad.
b) Baja sensibilidad.
c) Elevada sensibilidad.
d) Baja especificidad.

4. Cuando la bacteria puede disminuir la acción de los agentes antimicrobianos, se origina:

a) Efectividad terapéutica.
b) Sensibilidad bacteriana.

c) Resistencia antibacteriana.
d) Son ciertas las respuestas b) y c).

5. Desde el punto de vista clínico se considera que una bacteria es sensible a un antibacteriano cuando la concentración de este en el lugar de la infección es al menos:

a) Una vez y media superior a la CIM.
b) Dos veces y media superior a la CIM.
c) Cuatro veces superior a la CIM.
d) Diez veces superior a la CIM.

6. ¿Qué antimicrobiano actúa inhibiendo la síntesis de proteínas?

a) Penicilinas.
b) Cefalosporinas.
c) Aminoglucósidos.
d) Rifampicinas.

7. Las resistencias a los antibióticos (resistencia antibacteriana) cambian continuamente y se producen por:

a) Mutaciones microbianas.
b) Un inadecuado uso de los antibióticos, sin emplear la vía correcta.
c) Cambio de empleadores de los mismos, a pesar de una utilización apropiada.
d) Nada de lo anterior es correcto.

8. ¿Qué atributo recibe la propiedad de resistencia a algunas familias de antibióticos que tienen ciertas bacterias antes de su aparición de los mismos?

a) Resistencia natural.
b) Resistencia activa.
c) Resistencia pasiva.
d) Resistencia adquirida.

9. Las cefalosporinas pertenecen a la familia antibiótica de los:

a) Tetraciclinas.
b) Polipéptidos.
c) Betalactámicos.
d) Aminoglucósidos.

10. La anfotericina B pertenece al grupo antimicrobiano de los:

a) Aminoglucósidos.
b) Polienos.

c) Macrólidos.
d) Tetraciclinas.

11. La estreptomicina es:

a) Una tetraciclina.
b) Un antibiótico polipéptido.
c) Una peniclina.
d) Un macrólido.

12. ¿Qué es correcto de las quinolonas?

a) Son antiinfecciosos de reciente aparición.
b) Inhiben la síntesis bacteriana de ADN.
c) Se utilizan en el tratamiento de las infecciones urinarias, neumonías, etc., y los pacientes tras su administración deben beber mucha agua.
d) Todas son correctas.

En MADTEST tienes **más preguntas de este tema, comentadas y argumentadas**, y todos tus avances quedan registrados y se reflejan en el ranking.

¡Supera tus límites con MADTEST!

A continuación te presentamos algunos ejemplos de preguntas comentadas:

13. Uno de los siguientes enunciados es correcto en relación a la inmunidad pasiva:

a) Se produce resistencia a muchas enfermedades, inyectando a un individuo una preparación que contenga anticuerpos que se unan a los antígenos que produce el patógeno.
b) Es efectiva al cabo de unas horas.
c) Contienen anticuerpos humanos.
d) Todas son correctas.

Respuesta Correcta: d) Todas son correctas.

La inmunidad pasiva se puede producir resistencia a muchas enfermedades, inyectando a un individuo una preparación que contenga anticuerpos que se unan a los antígenos que produce el patógeno. Posee la ventaja de que es efectiva al cabo de unas horas después de la inyección, en tanto que la vacuna requiere al menos varios días para producir resistencia.

14. La inmunidad activa:

a) Pueden ser vacunas.
b) Son inmunoglobulinas.
c) Se utilizan para el tratamiento de la difteria y la hepatitis A.
d) Todas son correctas.

Respuesta Correcta: a) Pueden ser vacunas.

La inmunidad natural activa la produce la propia enfermedad. Creamos anticuerpos. La proporcionan las vacunas introduciéndonos antígenos y respondiendo con anticuerpos.

15. Son métodos antimicrobianos para gérmenes aerobios:

a) Método de dilución en caldo.
b) Método por dilución en medio sólido.
c) Antibiograma por difusión en agar.
d) Todos son métodos para gérmenes aerobios.

Respuesta Correcta: d) Todos son métodos para gérmenes aerobios.

Los métodos antimicrobianos para gérmenes aerobios son:

- Método de dilución en caldo.

- Método por dilución en medio solido.

- Antibiograma por difusión en agar.

Solución al test n.º 22

1. d) Todas son correctas.

2. a) Concentración mínima bactericida (CMB).

3. a) Elevada especificidad.

4. c) Resistencia antibacteriana.

5. c) Cuatro veces superior a la CIM.

6. c) Aminoglucósidos.

7. a) Mutaciones microbianas.

8. a) Resistencia natural.

9. c) Betalactámicos.

10. b) Polienos.

11. d) Un macrólido.

12. d) Todas son correctas.

13. d) Todas son correctas.

14. a) Pueden ser vacunas.

15. d) Todos son métodos para gérmenes aerobios.

TEST N.º 23

**Micología: clasificación, aislamiento y examen de los hongos.
Diagnóstico micológico de laboratorio.
Parasitología y métodos de identificación**

1. Los hongos son:

a) Organismos procariotas autótrofos.
b) Organismos eucariotas heterótrofos.
c) Organismos eucariotas autótrofos.
d) Organismos procariotas heterótrofos.

2. El micelio es típico de:

a) Artrópodos.
b) Parásitos.
c) Hongos.
d) Esporas.

3. ¿Cuál de las siguientes afirmaciones es correcta?

a) Las levaduras son seres pluricelulares.
b) Las levaduras se reproducen por gemación.
c) Los mohos son unicelulares.
d) Las hifas de las levaduras son sin tabicar.

4. La membrana externa de las esporas de los hongos se denomina:

a) Endosporia.
b) Exosporangio.
c) Exosporia.
d) Endosporangio.

5. Los hongos tienen escasas necesidades nutricionales por lo que pueden crecer fácilmente:

a) El lugar más frecuente es el suelo.
b) Su temperatura oscila entre 10-50 ºC.
c) Su pH varía entre 4,5 y 8 y se ven favorecidos por cierto grado de humedad.
d) Todas son ciertas.

6. No es un mecanismo de reproducción de los hongos:

a) Reproducción asexuada.
b) Reproducción cromosómica.
c) Reproducción sexuada.
d) Reproducción parasexuada.

7. La zigospora:

a) Es una espora asexual de los hongos.
b) Se producen por la fusión de dos gametos similares que se encuentran en el extremo de las hifas.
c) Posteriormente a la zigospora se origina la fecundación.
d) Todas son correctas.

8. ¿Qué forma de reproducción de hongos consiste en la unión de varias hifas pero sin existir una fusión nuclear, dando unas estructuras con núcleos haploides?

a) Parasexuada.
b) Asexuada.
c) Sexuada.
d) Polisexuada.

9. En el grupo *Ascomycotina* se encuentra el hongo:

a) *Penicilium*.
b) *Microsporum*.
c) *Histoplasma*.
d) Todos los anteriores pertenecen al grupo *Ascomycotina*.

10. Dentro de las muestras más habituales para el estudio de hongos, encontramos las de las secreciones respiratorias. Señala cuál sería el protocolo de actuación correcto:

a) Hay que intentar sembrar la mayor cantidad posible de inóculo, en medios con antibacterianos y antimicóticos.
b) La muestra se filtrará y se centrifugará.

c) Se sembrará en medio que contenga antibacterianos.
d) Se inoculará directamente en el medio.

11. El mutualismo o simbiosis se caracteriza porque:

a) Hay una vida común entre ambos, de tal forma que los dos se benefician.
b) El parásito vive a costa del huésped pero sin perjudicarle.
c) El parásito vive a costa del huésped y además le perjudica.
d) Es el caso de la flora de la piel o la del intestino.

12. Es una ameba:

a) *Giardia lamblia.*
b) *Naegleria fowleri.*
c) *Balantidium coli.*
d) *Trichomonas vaginalis.*

En MADTEST tienes **más preguntas de este tema, comentadas y argumentadas**, y todos tus avances quedan registrados y se reflejan en el ranking.

¡Supera tus límites con MADTEST!

A continuación te presentamos algunos ejemplos de preguntas comentadas:

13. Dentro de los protozoos intestinales y urogenitales no encontramos:

a) Amebas.
b) Flagelados.
c) *Plasmodium.*
d) Ciliados.

Respuesta Correcta: c) *Plasmodium.*

El género *Plasmodium* incluye protozoos del grupo de los esporozoos responsables del paludismo o malaria, cuya transmisión es hematógena, a través de la picadura del mosquito *Anopheles*, y no afecta al tracto intestinal ni urogenital. Por tanto, no se clasifica entre los protozoos de localización intestinal o urogenital.

14. La ameba patógena para el hombre, que produce la disentería amebiana, pertenece al género:

a) *Entamoaeba coli.*
b) *Entamoeba hystolítica.*

c) *Entamoeba gingivalis.*
d) *Entamoeba poleki.*

Respuesta Correcta: b) *Entamoeba hystolítica.*

Es el productor de la disentería amebiana. El hombre es el principal huésped y reservorio. La infección se produce por la ingesta de quistes. Los quistes, después de ser ingeridos por acción de los jugos digestivos, dejan libres los trofozoitos.

15. De las siguientes afirmaciones acerca de *Giargia lamblia*, ¿cuál es falsa?

a) Se transmiten por vía fecal oral.
b) El diagnóstico es sencillo pues basta con el análisis de solo muestra de heces.
c) La infección comienza por la ingesta de quistes.
d) Es raro encontrar trofozoítos en heces formes.

Respuesta Correcta: b) El diagnóstico es sencillo pues basta con el análisis de solo muestra de heces.

Giardia lamblia es un flagelado que se transmite vía fecal oral. La infección comienza por la ingesta de quistes que, por acción de los jugos gástricos, liberan trofozoítos en duodeno y en yeyuno. La adherencia a las paredes del intestino mediante el disco de succión permite a los trofozoítos resistir el peristaltismo intestinal, por lo que es raro encontrar trofozoítos en heces formes.

Solución al test n.º 23

1. b) Organismos eucariotas heterótrofos.

2. c) Hongos.

3. b) Las levaduras se reproducen por gemación.

4. c) Exosporia.

5. d) Todas son ciertas.

6. b) Reproducción cromosómica.

7. b) Se producen por la fusión de dos gametos similares que se encuentran en el extremo de las hifas.

8. a) Parasexuada.

9. d) Todos los anteriores pertenecen al grupo Ascomycotina.

10. a) Hay que intentar sembrar la mayor cantidad posible de inóculo, en medios con antibacterianos y antimicóticos.

11. a) Hay una vida común entre ambos, de tal forma que los dos se benefician.

12. b) *Naegleria fowleri*.

13. c) *Plasmodium*.

14. b) *Entamoeba hystolítica*.

15. b) El diagnóstico es sencillo pues basta con el análisis de solo muestra de heces.

TEST N.º 24

Virología: métodos de cultivo e identificación. VIH o sida. Patogenia. Diagnóstico de laboratorio de la infección por VIH

1. Es falso que los virus:

a) Están formados por ácido nucleico, cápside y en algunos casos envoltura externa.
b) Su ácido nucleico puede ser ADN o ARN.
c) Se multiplican fuera de la célula.
d) No son visibles al microscopio óptico.

2. En los virus, el soporte de la información genética de la capacidad de replicación y de su potencial infeccioso reside en:

a) El ácido nucleico.
b) La cápside.
c) Las enzimas.
d) La envoltura.

3. No pertenece a la familia _Herpesviridae_:

a) Virus de la varicela-zóster.
b) Virus de la parotiditis.
c) Citomegalovirus.
d) Virus de Epstein-Barr.

4. La secuencia de la infección en un virus es:

a) Penetración -adhesión-replicación- liberación-recombinación.
b) Adsorción-penetración-liberación de ácido nucleico.
c) Replicación-adhesión-recombinación-liberación-penetración.
d) Penetración-liberación-adhesión-recombinación-replicación.

5. La simetría estructural de la cápside del adenovirus es:

a) Icosaédrica.
b) Clínica.
c) Helicoidal.
d) Esférica.

6. ¿Qué técnica se emplearía para ampliar secuencias de ácidos nucleicos virales?

a) PCR.
b) Aglutinación por látex.
c) Técnicas de neutralización.
d) Técnicas de inhibición de la hemaglutinación.

7. Los corpúsculos de Negri se producen en:

a) Paperas.
b) Rabia.
c) Sarampión.
d) Rubéola.

8. ¿Cuál de los siguientes marcadores séricos del virus de la hepatitis B aparece después de la administración de la vacuna o gammaglobulinas específicas?

a) HBsAg.
b) Anti-HBs.
c) Anti-HBc.
d) Anti-HBe.

9. La prueba rápida para la mononucleosis infecciosa detecta en sangre el total de proteínas sanguíneas conocida como anticuerpos heterófilos, producidos por el sistema inmune en respuesta a la infección por:

a) Parvovirus B9.
b) Virus de Epstein-Barr.
c) Adenovirus.
d) Parainfluenza virus.

10. ¿Cuál de los siguientes virus es ARN?

a) Virus de la hepatitis C.
b) Virus de la hepatitis B.
c) Citomegalovirus.
d) Virus Herpes simple.

11. El virus de la rubeola pertenece a la familia de los:

a) Rhabdovirus.
b) Togavirus.
c) Ortomixovirus.
d) Paramixovirus.

12. En un paciente VIH positivo, ¿qué marcadores de linfocitos T deberíamos tener en cuenta?

a) CD4.
b) CD5 y CD3.
c) CD20.
d) CD69 y CD25.

En MADTEST tienes **más preguntas de este tema, comentadas y argumentadas**, y todos tus avances quedan registrados y se reflejan en el ranking.

¡Supera tus límites con MADTEST!

A continuación te presentamos algunos ejemplos de preguntas comentadas:

13. ¿Qué métodos de determinación de la carga viral se engloban con la denominación genérica de "amplificación del blanco"?

a) Amplicor.
b) NASBA.
c) B-ADN.
d) Las respuestas a) y b) son correctas.

Respuesta Correcta: d) Las respuestas a) y b) son correctas.

Los métodos AmplicorTm y NASBA se engloban con la denominación genérica de amplificación del blanco (target amplification) ya que lo que amplían es el blanco buscado, que en este caso es el ARN viral.

14. Una vez liberado el ARN del virus se debe retranscribir la molécula de ARN en ADN, para ello se utiliza:

a) Isotiocinato de *guanidinium*.
b) Enzima rTth ADN polimerasa de *Thermus thermophilus*.

c) Cebadores biotinilados.

d) Oligonucleótidos.

Respuesta Correcta: b) Enzima rTth ADN polimerasa de Thermus thermophilus.

En la PCR se utiliza como enzima rTth ADN polimerasa de Thermus thermophilus, que se caracteriza por tener actividad retrotranscriptasa y polimerasa. La utilización de la rTth permite la incorporación de uracil-N-glicosilasa, evitando así la contaminación por ADN amplificado.

15. No es una característica de la carga viral:

a) Es un buen marcador de laboratorio.

b) Tiene buena sensibilidad.

c) No permite un correcto seguimiento.

d) Tiene buena reproducibilidad.

Respuesta Correcta: c) No permite un correcto seguimiento.

La carga viral en plasma presenta las principales características necesarias de un buen marcador de laboratorio; sensibilidad y reproducibilidad, lo que permite realizar un correcto seguimiento clínico y de respuesta terapéutica del paciente infectado.

Solución al test n.º 24

1. c) Se multiplican fuera de la célula.

2. a) El ácido nucleico.

3. b) Virus de la parotiditis.

4. b) Adsorción-penetración-liberación de ácido nucleico.

5. a) Icosaédrica.

6. a) PCR.

7. b) Rabia.

8. b) Anti-HBs.

9. b) Virus de Epstein-Barr.

10. a) Virus de la hepatitis C.

11. b) Togavirus.

12. a) CD4.

13. d) Las respuestas a) y b) son correctas.

14. b) Enzima rTth ADN polimerasa de Thermus thermophilus.

15. c) No permite un correcto seguimiento.

Diagnóstico y seguimiento serológico de enfermedades infecciosas: bacterianas, fúngicas, víricas y parasitarias

1. No es un objetivo del diagnóstico serológico:

a) Conocimiento de la cantidad de microorganismos invasores.
b) Conocimiento del estado inmunitario de un individuo previo a la vacunación.
c) Diagnóstico retrospectivo.
d) Diagnóstico de infecciones en pacientes con tratamiento antibiótico.

2. No es una enfermedad bacteriana diagnosticada por serología:

a) Brucelosis.
b) Mononucleosis.
c) *Mycoplasma pneumoniae.*
d) Coxiella.

3. No es una enfermedad fúngica diagnosticada mediante serología:

a) Sífilis.
b) Rubéola.
c) Hepatitis.
d) Ninguna lo es.

4. La muestra de elección para la demostración de antígenos de *Legionella* es:

a) Esputo.
b) Moco.
c) Sangre.
d) Orina.

5. ¿Qué se entiende por seroconversión?

a) La aparición de anticuerpos en sangre.
b) El aumento en la concentración de anticuerpos específicos cuando comparamos dos muestras de suero en un paciente.

c) La sustitución de anticuerpos IgM por IgG.
d) Cualquier cambio del estado serológico del individuo.

6. Se considera como evidencia de infección activa la detección serológica de:

a) IgG.
b) IgA.
c) IgM.
d) IgD.

7. El diagnóstico serológico de la mononucleosis infecciosa se realiza:

a) Mediante la detección de anticuerpos heterófilos.
b) Mediante la detección de anticuerpos IgM.
c) Mediante el test de Paul-Bunnell.
d) Todas son correctas.

8. La técnica de aglutinación en látex para *Criptococcus neoformans*:

a) Es una prueba únicamente cuantitativa.
b) Permite detectar el antígeno capsular polisacárico de *cryptococcus*.
c) Si existe aglutinación la prueba es negativa.
d) Todas son correctas.

9. Una de las siguientes técnicas serológicas no se utiliza para el estudio de parásitos:

a) PCR.
b) Precipitación.
c) Inmunoanálisis.
d) Fluorescencia.

10. Cuando un individuo se pone en contacto con un antígeno, ¿qué ocurre?

a) Aparición precoz de IgM.
b) Aparición precoz de IgG.
c) Aparición de anticuerpos en suero y del sistema del complemento.
d) Todas son correctas.

11. El título de suero es:

a) La última dilución con resultado negativo.
b) Diluciones seriadas de suero que irán disminuyendo en antígeno.
c) La última dilución con resultado positivo.
d) Una técnica serológica poco utilizada.

12. La medida de resultado de una prueba serológica:

a) Se realiza mediante Unidades Internacionales o Unidades arbitrarias.

b) Estas unidades se calculan comparando el valor obtenido con la muestra problema con la de un patrón o muestra calibradora realizadas simultáneamente.

c) El suero calibrador marca el límite entre los valores positivos (significativos en la clínica) y los resultados negativos de tal manera que los valores superiores al calibrador se consideran positivas y las inferiores al mismo negativas.

d) Todas son correctas.

En MADTEST tienes **más preguntas de este tema, comentadas y argumentadas**, y todos tus avances quedan registrados y se reflejan en el ranking.

¡Supera tus límites con MADTEST!

A continuación te presentamos algunos ejemplos de preguntas comentadas:

13. Para la detección de IgM es necesario:

a) Una muestra extraída en la fase aguda.

b) Dos muestras, una extraída en la fase aguda y otra en la fase de convalecencia.

c) Tres muestras. En pico febril, fase aguda y fase de convalecencia.

d) Las que sean necesarias.

Respuesta Correcta: a) Una muestra extraída en la fase aguda.

La IgM es el primer anticuerpo que aparece tras la exposición a un patógeno, por lo que su detección requiere una muestra obtenida durante la fase aguda de la infección, cuando sus niveles son más altos.

14. Las determinaciones de respuesta inmunológica específica frente a *M. pneumoniae* se realizan mediante la técnica de:

a) RIA.

b) ELISA.

c) FC.

d) FRAt.

Respuesta Correcta: b) ELISA.

La técnica ELISA permite la detección y cuantificación de anticuerpos específicos frente a *Mycoplasma pneumoniae*, ofreciendo alta sensibilidad y especificidad para el diagnóstico serológico.

15. Señala el enunciado correcto en relación con las técnicas serológicas utilizadas para M. pneumoniae:

a) La técnica FC determina principalmente IgM, y en menor medida IgG.

b) La demostración de un incremento de 4 veces el título entre una muestra de la fase aguda y una de la fase de convalecencia, ofrece gran sensibilidad.

c) Es una técnica muy compleja.

d) Todas son correctas.

Respuesta Correcta: b) La demostración de un incremento de 4 veces el título entre una muestra de la fase aguda y una de la fase de convalecencia, ofrece gran sensibilidad.

El aumento significativo de anticuerpos, normalmente de al menos cuatro veces entre la fase aguda y la de convalecencia, indica infección activa por *M. pneumoniae* y proporciona alta sensibilidad diagnóstica.

Solución al test n.º 25

1. a) Conocimiento de la cantidad de microorganismos invasores.

2. b) Mononucleosis.

3. d) Ninguna lo es.

4. d) Orina.

5. b) El aumento en la concentración de anticuerpos específicos cuando comparamos dos muestras de suero en un paciente.

6. c) IgM.

7. d) Todas son correctas.

8. b) Permite detectar el antígeno capsular polisacárico de *cryptococcus*.

9. a) PCR.

10. a) Aparición precoz de IgM.

11. c) La última dilución con resultado positivo.

12. d) Todas son correctas.

13. a) Una muestra extraída en la fase aguda.

14. b) ELISA.

15. b) La demostración de un incremento de 4 veces el título entre una muestra de la fase aguda y una de la fase de convalecencia, ofrece gran sensibilidad.

TEST N.º 26

Líquidos biológicos en el laboratorio de bioquímica: sangre, suero, plasma, LCR

1. ¿Qué porcentaje del volumen sanguíneo total representa el plasma?

a) 45 %.
b) 55 %.
c) 65 %.
d) 35 %.

2. ¿Qué componente sanguíneo carece de fibrinógeno?

a) Plasma.
b) Glóbulos blancos.
c) Suero.
d) Glóbulos rojos.

3. ¿Cuál es el porcentaje aproximado de agua en el plasma?

a) 50 %.
b) 60 %.
c) 75 %.
d) 90 %.

4. ¿Qué células componen la parte sólida de la sangre?

a) Plaquetas, glóbulos rojos y blancos.
b) Suero, linfocitos y neutrófilos.
c) Eritrocitos, suero y plasma.
d) Solo eritrocitos y leucocitos.

5. ¿Qué componente se utiliza en el diagnóstico de enfermedades como la diabetes mediante la medición de glucosa?

a) Suero.
b) Glóbulos blancos.
c) Plaquetas.
d) Hemoglobina.

6. ¿Cuál de las siguientes opciones describe mejor al suero?

a) Contiene fibrinógeno y es opaco.
b) Es más denso que el plasma.
c) No contiene células ni fibrinógeno.
d) Contiene solo glóbulos blancos.

7. ¿Qué componente del plasma es responsable de la presión oncótica?

a) Sodio.
b) Proteínas.
c) Glucosa.
d) Hemoglobina.

8. ¿Qué elemento bioquímico se analiza para detectar daño hepático?

a) Fosfatasa alcalina.
b) Creatinina.
c) Sodio.
d) TSH.

9. ¿Cuál es la unidad convencional para medir albúmina en suero?

a) U/L.
b) mg/dL.
c) g/dL.
d) mEq/L.

10. ¿Qué hormona se mide en suero para evaluar el eje hipotálamo-hipófisis-adrenal?

a) TSH.
b) ACTH.
c) LH.
d) FSH.

11. ¿Qué prueba mide la función del sistema de coagulación intrínseco?

a) Tiempo de protrombina.
b) aPTT.
c) Hematocrito.
d) Recuento de plaquetas.

12. ¿Cuál es el valor normal de glucosa en ayunas en plasma?

a) 70-105 mg/dL.
b) 120-160 mg/dL.
c) 40-60 mg/dL.
d) 106-130 mg/dL.

En MADTEST tienes **más preguntas de este tema,**

comentadas y argumentadas, y todos tus avances quedan
registrados y se reflejan en el ranking.

¡**Supera tus límites con MADTEST!**

A continuación te presentamos algunos ejemplos de preguntas comentadas:

13. ¿Cuál es el valor de referencia del hematocrito en mujeres?

a) 30–35 %.
b) 36–47 %.
c) 48–55 %.
d) 40–60 %.

Respuesta correcta: b) 36–47 %

Comentario: El hematocrito indica el porcentaje de glóbulos rojos en la sangre, y en mujeres los valores normales oscilan entre 36 y 47 %.

14. ¿Cuál es el rango normal de sodio en suero?

a) 120–130 mEq/L.
b) 100–110 mEq/L.
c) 136–145 mEq/L.
d) 150–160 mEq/L.

Respuesta correcta: c) 136–145 mEq/L

Comentario: El sodio es el principal catión extracelular, fundamental para la función neuromuscular y el equilibrio hídrico.

15. ¿Qué componente se encuentra elevado en inflamación aguda?

a) TSH.
b) Insulina.
c) Proteína C reactiva.
d) Ferritina.

Respuesta correcta: c) Proteína C reactiva.

Comentario: La PCR es un marcador inespecífico de inflamación aguda, muy útil en infecciones y enfermedades autoinmunes.

Solución al test n.º 26

1. b) 55 %.

2. c) Suero.

3. d) 90 %.

4. a) Plaquetas, glóbulos rojos y blancos.

5. a) Suero.

6. c) No contiene células ni fibrinógeno.

7. b) Proteínas.

8. a) Fosfatasa alcalina.

9. c) g/dL.

10. b) ACTH.

11. b) aPTT.

12. a) 70-105 mg/dL.

13. b) 36–47 %.

14. c) 136–145 mEq/L.

15. c) Proteína C reactiva.

TEST N.º 27

Bioquímica: medidas de analitos por fotometría, espectrofotometría. Medición del pH: técnicas cuantitativas de valoración. Estudio del equilibrio hidroelectrolítico y ácido base. Determinación de iones, pH, y gases en sangre arterial

1. La espectrometría de emisión atómica se denomina también:

a) Fotometría de llama.
b) Turbidimetría.
c) Nefelometría.
d) Refractometría atómica.

2. ¿Qué color (característico) da la fotometría de llama del sodio, cuando desprende su excedente energético a estado fundamental o normal?

a) Amarillento.
b) Rojizo.
c) Azulado.
d) Violeta.

3. El filtro o monocromador de la fotometría de llama debe eliminar las emisiones que no deben llegar al detector, denominadas:

a) Continuas interferentes.
b) Discontinuas interferentes.
c) Líneas de emisión de elementos metálicos.
d) Nada de lo anterior es cierto.

4. Los detectores que se emplean a nivel instrumental en la fotometría de llama son:

a) Cámaras de ionización.
b) Detectores de cadmio.

c) Tubos fotomultiplicadores.
d) Cámaras de vacío.

5. Los fotómetros que se emplean en la fotometría de llama llevan un estándar interno de:

a) Rubidio.
b) Litio.
c) Platino.
d) Estaño.

6. Las bases son:

a) Sustancias que se atraen por el polo negativo.
b) Sustancias que se atraen por el polo positivo.
c) Sustancias que aportan al medio hidrogeniones.
d) Sustancias que aportan al medio grupos hidroxilos.

7. Las alteraciones metabólicas del equilibrio ácido-básico se deben a:

a) Aumento del agua.
b) Alteración del bicarbonato.
c) Aumento del CO_2.
d) Alteración de los hidrogeniones.

8. No es una ventaja del tampón bicarbonato:

a) Se encuentra presente en todos los medios.
b) Presenta una alta concentración extracelular.
c) Los elementos del sistema se pueden regular por otros tampones.
d) Presenta una concentración muy alta en orina.

9. No es cierto que el tampón fosfato:

a) Ejerza su principal función en las células.
b) Es una base muy eficaz.
c) Es muy importante en orina.
d) Su eficacia general es menor que la del bicarbonato.

10. El tampón hemoglobina es muy eficaz por:

a) Su alta abundancia.
b) Su carácter anfolito.
c) Su especificidad en sangre.
d) Presentar gran afinidad por la orina.

11. Las proteínas plasmáticas actúan principalmente:

a) En la orina.
b) En la sangre.
c) En los pulmones.
d) En los tejidos.

12. El tampón óseo funciona por:

a) Su capacidad para aceptar hidrogeniones.
b) Su capacidad para ceder hidrogeniones.
c) Su capacidad para ceder grupos hidroxilos.
d) Su capacidad para aceptar grupos hidroxilos.

En MADTEST tienes **más preguntas de este tema, comentadas y argumentadas**, y todos tus avances quedan registrados y se reflejan en el ranking.

¡Supera tus límites con MADTEST!

A continuación te presentamos algunos ejemplos de preguntas comentadas:

13. La regulación real del pulmón se establece en base a:

a) Los niveles en sangre de CO_2.
b) Los niveles en sangre de O_2.
c) Los niveles en LCR de H+.
d) Los niveles de pH.

Respuesta Correcta: c) Los niveles en LCR de H+.

La regulación real se establece en la concentración de hidrogeniones que aparecen en el LCR, el cerebro es muy sensible a las variaciones de este anión, de tal forma que si aumenta su concentración las neuronas inspiratorias van a realizar descargas obligando así a aumentar la respiración. Si la concentración se encuentra disminuida, el efecto será el contrario inhibiendo la descarga de estas neuronas.

14. Cuando el riñón acidifica las sales de fosfato:

a) Elimina bicarbonato en orina.
b) Elimina hidrogeniones en orina.

c) Elimina sodio en orina.
d) Todas son correctas.

Respuesta Correcta: b) Elimina hidrogeniones en orina.

Para acidificar las sales de fosfato el riñón recupera sodio y elimina hidrogeniones.

15. El anión GAP oscila entre:

a) 2-4 mEq/L.
b) 0,2-4 mEq/L.
c) 20-40 mEq/L.
d) 10-12 mEq/L.

Respuesta Correcta: d) 10-12 mEq/L.

El anión gap es la suma de todos los cationes del organismo y la resta de los aniones debería ser cero pero no se contabilizan la totalidad de iones del organismo, solo 4: sodio, potasio, cloro y bicarbonato. Por esta razón tiene un valor que se establece entre 10-12 mEq/L.

Solución al test n.º 27

1. a) Fotometría de llama.

2. a) Amarillento.

3. a) Continuas interferentes.

4. c) Tubos fotomultiplicadores.

5. b) Litio.

6. d) Sustancias que aportan al medio grupos hidroxilos.

7. b) Alteración del bicarbonato.

8. d) Presenta una concentración muy alta en orina.

9. b) Es una base muy eficaz.

10. a) Su alta abundancia.

11. d) En los tejidos.

12. a) Su capacidad para aceptar hidrogeniones.

13. c) Los niveles en LCR de H+.

14. b) Elimina hidrogeniones en orina.

15. d) 10-12 mEq/L.

TEST N.º 28

Proteínas séricas: métodos de determinación. Separación de fracciones proteicas. Electroforesis. Interpretación de proteinograma

1. La base estructural de las proteínas es:

a) El carbono.
b) Los aminoácidos.
c) Los péptidos.
d) Los radicales.

2. Las homoproteínas son:

a) Proteínas que se componen solo de aminoácidos.
b) Aquellas que además de aminoácidos presentan otras estructuras químicas.
c) Aquellas que se componen de dos aminoácidos iguales.
d) Aquellas que solo existen en humanos.

3. Los grupos prostéticos:

a) Son los componentes proteicos de las proteínas conjugadas.
b) Son los componentes no proteicos de las proteínas conjugadas.
c) Son los componentes básicos de las proteínas.
d) No forman parte de las proteínas.

4. La rodopsina es una proteína:

a) Fibrosa.
b) Básica.
c) Globular.
d) De membrana.

5. La mioglobina presenta una estructura secundaria:

a) Alfa + Beta.
b) Alfa/Beta.
c) Hélice Alfa.
d) Hélice plegada Beta.

6. Las proteínas que se disuelven en disoluciones ácidas o básicas se conocen como:

a) Albúminas.
b) Glutelinas.
c) Globulinas.
d) Escleroproteínas.

7. Las proteínas son sustancias:

a) Básicas.
b) Ácidas.
c) Anfólitas.
d) Ninguna es cierta.

8. La distribución proteica está limitada en:

a) Cerebro.
b) Ovarios.
c) Humor vítreo.
d) Todas son ciertas.

9. La albúmina sérica se encuentra aumentada en:

a) Deshidratación.
b) Embarazo.
c) Síndrome nefrótico.
d) Alteraciones hepáticas crónicas.

10. La alfa 1 glucoproteína ácida presenta como función específica:

a) Transporte de cobre.
b) Agregación plaquetaria.
c) Inhibición linfocítica.
d) Ninguna es cierta.

11. La proteína C reactiva:

a) Aumenta en las hemorragias.
b) Aumenta tras las infecciones agudas.

c) Son parte del lupus sistémico.
d) Todas son ciertas.

12. La enfermedad de Wilson se relaciona con una deficiencia de:

a) La hemopexina.
b) La haptoglobulina.
c) La ceruloplasmina.
d) La AAT.

En MADTEST tienes **más preguntas de este tema, comentadas y argumentadas,** y todos tus avances quedan registrados y se reflejan en el ranking.

¡Supera tus límites con MADTEST!

A continuación te presentamos algunos ejemplos de preguntas comentadas:

13. La transcobalamina transporta:

a) Vitamina A.
b) Vitamina B_{12}.
c) Cobre.
d) Azufre.

Respuesta Correcta: b) Vitamina B_{12}.

La función principal de la transcobalamina presenta como función principal el transporte de vitamina B_{12}.

14. La diálisis se basa:

a) En la carga positiva de las proteínas.
b) En la carga negativa de las proteínas.
c) En el tamaño.
d) En su función anfólita.

Respuesta Correcta: c) En el tamaño.

Debido a su tamaño las proteínas se pueden separar de otros solutos de bajo peso molecular por diálisis.

15. Para realizar una centrifugación en gradiente de densidad prepararemos un tubo:

a) Con una proporción de sacarosa uniforme.
b) Con una proporción de sacarosa mayor en el fondo que en la superficie.
c) Con una proporción de sacarosa menor en el fondo que en la superficie.
d) El gradiente de densidad no usa sacarosa.

Respuesta Correcta: b) Con una proporción de sacarosa mayor en el fondo que en la superficie.

Para realizar una centrifugación en gradiente de densidad prepararemos un tubo de plástico con mayor proporción de sacarosa en la base que en la superficie y realizaremos una centrifugación en horizontal para permitir el movimiento.

Solución al test n.º 28

1. b) Los aminoácidos.

2. a) Proteínas que se componen solo de aminoácidos.

3. b) Son los componentes no proteicos de las proteínas conjugadas.

4. d) De membrana.

5. c) Hélice alfa.

6. b) Glutelinas.

7. c) Anfólitas.

8. d) Todas son ciertas.

9. a) Deshidratación.

10. d) Ninguna es correcta.

11. b) Aumenta tras las infecciones agudas.

12. c) La ceruloplasmina.

13. b) Vitamina B_{12}.

14. c) En el tamaño.

15. b) Con una proporción de sacarosa mayor en el fondo que en la superficie.

TEST N.º 29

Funciones de las lipoproteínas plasmáticas. Técnicas para el análisis del colesterol. Análisis de triglicéridos. Método analítico para el estudio de HDL y LDL

1. Los lípidos saponificables:

a) Presentan una energía negativa.
b) Poseen ácidos grasos.
c) Son principalmente terpenos.
d) Se disuelven en ácidos.

2. Si separamos las lipoproteínas por centrifugación los quilomicrones se correlacionan con:

a) Alfa lipoproteínas.
b) Beta lipoproteínas.
c) Pre – beta lipoproteínas.
d) Quilomicrones.

3. Cuando un paciente tiene una obstrucción de las vías biliares presentará una:

a) LDL.
b) Lipoproteína a.
c) Lipoproteína x.
d) IDK.

4. En cuanto a los triglicéridos, es falso que:

a) Sean las grasas más transportadas en el organismo.
b) Sus niveles varían con la edad.
c) Pueden ser formados por el hígado.
d) Su principal función es transportar otras lipoproteínas.

5. El colesterol no es un precursor de:

a) Hormonas sexuales.
b) Vitamina A.
c) Hormonas corticoesteroideas.
d) Sales biliares.

6. Los ácidos grasos insaturados:

a) Presentan enlaces dobles.
b) Forman parte del colesterol.
c) Forman parte de los ésteres.
d) Todas son ciertas.

7. Los fosfoglicéridos más abundante son:

a) Hormonas sexuales.
b) Cefalina.
c) IDL.
d) Todas son ciertas.

8. La disbetalipoproteinemia es una:

a) Hiperlipoproteinemia.
b) Hipercolesterolemia aislada.
c) Hiperlipemia mixta.
d) Descenso del colesterol – HDL.

9. La función de la lipoproteinlipasa sobre los quilomicrones es:

a) La emulsión de grasas ingeridas.
b) Destrozar los monoglicéridos básicos en moléculas menores.
c) La destrucción de los quilomicrones remanentes.
d) Romper los triglicéridos presentes en los quilomicrones.

10. Para formar las VLDL se van a unir:

a) Lípidos endógenos, fosfolípidos, apoproteínas y colesterol.
b) Macrófagos y LDL.
c) Monoglicéridos y ácidos grasos libres.
d) Ésteres y triglicéridos.

11. ¿Cuál de las siguientes afirmaciones sobre la función de las HDL es falsa?

a) Son consideradas como un factor de protección.
b) Son reservas de colesterol.

c) Llevan colesterol al hígado para eliminarlo.

d) Su función es similar a la de las LDL.

12. Los métodos químicos aparecen al poner en contacto el colesterol con:

a) Ácidos fuertes concentrados.

b) Bases fuertes concentradas.

c) Enzimas proteolíticas.

d) Todas son ciertas.

En MADTEST tienes **más preguntas de este tema, comentadas y argumentadas**, y todos tus avances quedan registrados y se reflejan en el ranking.

¡Supera tus límites con MADTEST!

A continuación te presentamos algunos ejemplos de preguntas comentadas:

13. En el método químico de una etapa para la determinación de colesterol la muestra:

a) No tiene ningún tipo de preparación.

b) Debe ser hidrolizada antes de realizar la prueba.

c) Debe ser teñida antes de realizar la prueba.

d) Debe ser tratada con antioxidantes antes de realizar la prueba.

Respuesta Correcta: a) No tiene ningún tipo de preparación.

En el método de una etapa la tinción se realiza directamente sobre la muestra sin tratar, presenta reacciones cruzadas, pero es un método muy simple.

14. En el método químico de dos etapas para la determinación de colesterol eliminaremos de la muestra:

a) Colesterol.

b) Hemoglobina.

c) Bases neutras.

d) Todas son ciertas.

Respuesta Correcta: b) Hemoglobina.

En este método realizaremos un paso previo a la tinción que consiste en eliminar sustancias que pueden alterar la tinción como hemoglobinas o proteínas.

15. Para eliminar los ésteres del colesterol someteremos la muestra a:

a) Reacción cromogénica.
b) Lisis básica.
c) Saponificación.
d) Purificación.

Respuesta Correcta: c) Saponificación.

En el método de 3 etapas para la determinación del colesterol eliminaremos las sustancias ajenas al colesterol y someteremos la muestra a saponificación para eliminar los ésteres de colesterol.

Solución al test n.º 29

1. b) Poseen ácidos grasos.

2. d) Quilomicrones.

3. c) Lipoproteína x.

4. d) Su principal función es transportar otras lipoproteínas.

5. b) Vitamina A.

6. a) Presentan enlaces dobles.

7. b) Cefalina.

8. c) Hiperlipemia mixta.

9. d) Romper los triglicéridos presentes en los quilomicrones.

10. a) Lípidos endógenos, fosfolípidos, apoproteínas y colesterol.

11. d) Su función es similar a la de las LDL.

12. a) Ácidos fuertes concentrados.

13. a) No tiene ningún tipo de preparación.

14. b) Hemoglobina.

15. c) Saponificación.

TEST N.º 30

Enzimología diagnóstica (I): Fisiología y cinética enzimática. Descripción de enzimas analizados en diagnóstico clínico

1. La función de las enzimas es:

a) Catalizar reacciones químicas específicas.
b) Relacionarse con numerosos estados clínicos.
c) Permitir que reacciones que tienen lugar a velocidades muy bajas se realicen a mayor velocidad.
d) Todas son ciertas.

2. Cuando una enzima está asociada a otras sustancias no proteicas para ejercer su actividad se denomina:

a) Coenzima.
b) Cofactor.
c) Activador.
d) Apoenzima.

3. Si una vitamina está asociada a la enzima para realizar su actividad se denomina:

a) Holoenzima.
b) Activador.
c) Coenzima.
d) Apoenzima.

4. ¿Cuál de los factores influye en la actividad enzimática?

a) Temperatura.
b) La acidificación del medio.
c) La concentración de sustrato
d) Todas son ciertas.

5. Señala la falsa respecto a la actividad enzimática:

a) La velocidad de formación de producto aumenta conforme aumenta la concentración de sustrato, hasta llegar a Vmáx.
b) Cuanto mayor es el Km mayor será la afinidad de la enzima por el sustrato.
c) La gráfica que representa la cinética enzimática es la de Michaellis-Menten.
d) Al aumentar la temperatura se eleva la velocidad de reacción hasta un punto máximo.

6. ¿Qué tipo de sustancias pueden aumentar la velocidad de la reacción?

a) Iones metálicos.
b) Vitaminas.
c) Proteínas.
d) Fármacos.

7. Una enzima oxidorreductasa:

a) Cataliza reacciones de transferencia de electrones de uno a otro sustrato.
b) Cataliza reacciones de transferencia de grupos amino, carboxilo, fosfato.
c) Cataliza la ruptura con adición de agua.
d) Todas son falsas.

8. Una enzima Isomerasa:

a) Elimina enlaces y forman dobles enlaces.
b) Cataliza la interconversión de isómeros.
c) Cataliza la unión de dos sustratos utilizando energía.
d) Todas son correctas.

9. La actividad enzimática representa:

a) El aumento de uno de los productos.
b) El descenso del sustrato.
c) Está influida por la temperatura.
d) Todas son correctas.

10. La actividad enzimática se expresa en:

a) mg/100 ml.
b) Mol/L.
c) Unidades de actividad enzimática por ml.
d) Unidades convencionales.

11. ¿Qué puede causar un inhibidor competitivo de una enzima?

a) Un aumento de la Km pero sin alteración de la Vmáx.
b) Un aumento de la Vmáx pero sin alteración de la Km.

c) Un aumento tanto del Km como de la Vmáx.

d) Una diminución de la Vmáx pero sin alterar la Km.

12. Es una característica de las enzimas utilizadas como marcadores de lesión tisular:

a) Existen enzimas que se expresan mayoritariamente en un determinado tejido, siendo marcadores tisulares específicos.

b) Las enzimas aumentan en el plasma por necrosis tisular.

c) Las enzimas aumentan en el plasma por aumento del catabolismo intracelular.

d) Todas son correctas.

En MADTEST tienes **más preguntas de este tema, comentadas y argumentadas,** y todos tus avances quedan registrados y se reflejan en el ranking.

¡Supera tus límites con MADTEST!

A continuación te presentamos algunos ejemplos de preguntas comentadas:

13. El método para determinar la actividad enzimática que mide la velocidad de reacción, se denomina:

a) Método cinético.

b) Método a punto inicial.

c) Método a punto final.

d) Método a punto intermedio.

Respuesta Correcta: a) Método cinético.

Mide la velocidad de reacción, es decir, el incremento de absorbancia en función del tiempo. La actividad se calcula a partir de la siguiente ecuación derivada de la Ley de Lambert-Beer.

14. ¿En qué fase de la reacción enzimática, la formación de producto permanece constante?

a) Fase de retardo.

b) Fase de cambio.

c) Fase lineal.

d) Fase de agotamiento del sustrato.

Respuesta Correcta: c) Fase lineal.

La fase lineal, comienza al finalizar la fase de retardo, en ella la formación de producto permanece constante, siendo la concentración de enzima de la muestra el único factor limitante.

15. ¿Cómo actúa la temperatura en la actividad enzimática?

a) Al aumentar la temperatura se incrementa el número de colisiones entre el enzima y sustrato, con lo que en principio aumento la velocidad de la reacción.
b) Si la temperatura aumenta mucho puede desanturalizar a la enzima.
c) La mayoría de las determinaciones que utilizan sistemas enzimáticos se realizan a 25,30 y 37 ºC.
d) Todas son correctas.

Respuesta Correcta: d) Todas son correctas.

Al aumentar la temperatura se incrementa el número de colisiones entre el enzima y el sustrato, con lo que en principio aumenta la velocidad de la reacción. Sin embargo, si la temperatura sigue aumentando llega un momento en que la enzima puede desnaturalizarse perdiendo su actividad. La temperatura a la que esto ocurre depende de la enzima y suele encontrarse entre 40 y 50 ºC. Por cada 10º aproximadamente la velocidad aumenta al doble. El control de la temperatura es importante a la hora de realizar determinaciones enzimáticas o que utilicen enzimas. La mayoría de las determinaciones que utilizan sistemas enzimáticos se realizan a 25, 30 y 37 ºC.

Solución al test n.º 30

1. a) Catalizar reacciones químicas específicas.

2. b) Cofactor.

3. c) Coenzima.

4. d) Todas son ciertas.

5. b) Cuanto mayor es el Km mayor será la afinidad de la enzima por el sustrato.

6. a) Iones metálicos.

7. a) Cataliza reacciones de transferencia de electrones de uno a otro sustrato.

8. b) Cataliza la interconversión de isómeros.

9. d) Todas son correctas.

10. c) Unidades de actividad enzimática por ml.

11. b) Un aumento de la Vmáx pero sin alteración de la Km.

12. d) Todas son correctas.

13. a) Método cinético.

14. c) Fase lineal.

15. d) Todas son correctas.

Enzimología diagnóstica (II): métodos de análisis de enzimas en fluidos biológicos y patrones de la alteración enzimática

1. Una enzima de importancia clínica cataliza la transferencia del grupo amino de la alanina al alfa-cetoglutarato. Indícala:

a) Fosfatasa alcalina.
b) Fosfatasa ácida no prostática.
c) GOT.
d) GPT.

2. La técnica cinética utilizada para determinar la GOT (AST) en sangre se basa en medir:

a) La velocidad de aumento de la concentración de NADH en el medio.
b) La velocidad de disminución de la concentración de NADH en el medio.
c) La intensidad en la concentración del sustrato.
d) La disminución en la concentración del sustrato.

3. ¿Qué afirmación es correcta con respecto a la alfa amilasa?

a) Cataliza la hidrólisis de los polisacáridos rompiendo uniones alfa-1,5 glucosídicas.
b) Su pH de actividad óptima oscila entre 5 y 6.
c) Es útil en el diagnóstico de carcinoma hepático.
d) Tiene predominantemente un origen salival y pancreático.

4. El sustrato utilizado generalmente en las reacciones de las técnicas cinéticas empleadas para la determinación de fosfatasas alcalinas es:

a) p-nitrofenilfosfato.
b) p-nitrofenol.
c) alfa-cetoglutaratofosfato.
d) alfa-glutarato.

5. Con relación a la determinación enzimática de la LDH una coenzima que requiere la reacción es:

a) FDH.
b) FAD.
c) Biotina.
d) Ninguna.

6. El cofactor de la ALT es:

a) Piridoxal fosfato.
b) No necesita.
c) Calcio.
d) Magnesio.

7. La técnica cinética utilizada para la GGT es:

a) Incremento de absorbancia del colorante liberado p-nitroalinina.
b) Velocidad de aumento de la concentración de NADH en el medio.
c) Velocidad de disminución de la concentración del sustrato.
d) La disminución de concentración del sustrato.

8. ¿Cuál de estas enzimas se recomienda para una isquemia miocárdica?

a) CK-MB.
b) CK-BB.
c) GOT.
d) GPT.

9. La enzima NTP 5´nucleotidasa aumenta en:

a) Colestasis.
b) Enfermedades hepatobiliares.
c) Cáncer hepático.
d) Todo lo anterior.

10. Señala cuál de las siguientes enzimas es la primera en ser detectada en infarto de miocardio:

a) Troponina.
b) CK-MB.
c) LDH.
d) GOT

11. La técnica ultravioleta cinética aplicada para la determinación de LDH se basa en:

a) Medir la velocidad de disminución de la concentración de NADH.
b) Medir la velocidad de aparición de NADH.
c) Medir la aparición de piruvato.
d) Las opciones a) y b) son correctas.

12. La amilasa necesita como cofactor:

a) Calcio.
b) Piridixal fosfato.
c) Magnesio.
d) No necesita.

En MADTEST tienes **más preguntas de este tema, comentadas y argumentadas**, y todos tus avances quedan registrados y se reflejan en el ranking.

¡Supera tus límites con MADTEST!

A continuación te presentamos algunos ejemplos de preguntas comentadas:

13. La ALP es:

a) Hidrolasa.
b) Oxidorreductasa.
c) Liasa.
d) Ligasa.

Respuesta Correcta: a) Hidrolasa.

La fosfatasa alcalina es una enzima hidrolasa que se encuentra principalmente en los huesos, el hígado, la placenta, los intestinos y el riñón.

14. La GPT es del grupo:

a) Hidrolasa.
b) Liasa.
c) Transaminasa.
d) Isomerasa.

Respuesta Correcta: c) Transaminasa.

Las transaminasas (ALT o GPT y AST o GOT) son enzimas intracelulares que catalizan reacciones de transaminación y que están localizadas en diversos tejidos del organismo, siendo la más específica de lesión hepática la GPT.

15. ¿Qué enzima cataliza la transferencia de residuos gammaglutamilos procedentes de péptidos γ-glutámicos a sustratos, como aminoácidos o pequeños péptidos?

a) GOT.
b) GGT.
c) GPT.
d) CK.

Respuesta Correcta: b) GGT.

Reacción que cataliza: transferencia de residuos gammaglutamilos procedentes de péptidos g-glutámicos (ej. glutation) a muchos sustratos, como aminoácidos, pequeños péptidos e incluso agua.

Solución al test n.º 31

1. d) GPT.

2. b) La velocidad de disminución de la concentración de NADH en el medio.

3. d) Tiene predominantemente un origen salival y pancreático.

4. b) p-nitrofenol.

5. d) Ninguna.

6. a) Piridoxal fosfato.

7. a) Incremento de absorbancia del colorante liberado p-nitroalinina.

8. a) CK-MB.

9. d) Todo lo anterior.

10. a) Troponina.

11. d) Las opciones a) y b) son correctas.

12. a) Calcio.

13. a) Hidrolasa.

14. c) Transaminasa.

15. b) GGT.

Tipos de marcadores tumorales. Estudio y determinación de marcadores tumorales en sangre. Marcadores tumorales más utilizados. Neoplasias y marcadores tumorales

1. El principal factor de riesgo relacionado con el cáncer es:

a) El sedentarismo.
b) El tabaco.
c) Al alcohol.
d) La alimentación inadecuada.

2. No es una característica de los marcadores tumorales:

a) Ser producidos específicamente por las células cancerígenas.
b) Ser fosfolípidos.
c) No estar presentes en la población sana.
d) Presentar niveles relacionados con la evolución de la enfermedad.

3. Si usamos un marcador para realizar un seguimiento de la enfermedad:

a) Usaremos su elevación como diagnóstico inicial.
b) Nos dará una idea del pronóstico de la enfermedad.
c) Nos indicará si el tratamiento es el indicado.
d) Nos dará una idea de si la enfermedad está controlada.

4. Es una desventaja de los marcadores tumorales:

a) Su especificidad.
b) No son órgano - específicos.
c) Pueden aparecer en personas sanas.
d) Todas son ciertas.

5. Si nos encontramos con un marcador elevado:

a) Daremos por diagnosticado el tumor.
b) Se repetirá la determinación a las 24h.
c) Se hará la determinación por otro método.
d) Se repetirá la determinación al tiempo.

6. Es falso que las células tumorales malignas:

a) Crecen de forma descontrolada.
b) Guardan relación estructural con las células normales.
c) Puede invadir otras zonas del cuerpo.
d) Puede invadir otras zonas viajando por la sangre.

7. Según su aplicación clínica un marcador no puede ser:

a) Diagnóstico.
b) Basal.
c) Terapéutico.
d) Evolutivo.

8. Las proteínas que se usan como marcadores tumorales:

a) Son habituales pero ahora aparecen algo elevadas.
b) No existen en el ser humano sano.
c) Se encontraban inhibidas antes de la aparición del tumor.
d) Todas son ciertas.

9. La AFP desaparece:

a) En el primer año de vida.
b) Antes de la pubertad.
c) Antes de ser adulto.
d) Permanece durante toda la vida del paciente.

10. La dopamina se relaciona con la aparición de:

a) Tumor germinal.
b) Pulmón.
c) Insulinoma.
d) Neuroblastoma.

11. Si sospechamos la aparición de un cáncer de pulmón determinaremos:

a) La CPKBB.
b) La GYT.

c) La LFH.
d) La fosfatasa ácida.

12. No es un marcador de bajo peso molecular:

a) Poliaminas.
b) Dopamina.
c) Nucleótidos.
d) Calcio.

En MADTEST tienes **más preguntas de este tema,
comentadas y argumentadas**, y todos tus avances quedan
registrados y se reflejan en el ranking.

¡Supera tus límites con MADTEST!

A continuación te presentamos algunos ejemplos de preguntas comentadas:

13. No hay receptores hormonales de superficie para:

a) Estrógenos.
b) Progesterona.
c) Andrógenos.
d) Tiroxina.

Respuesta Correcta: d) Tiroxina.

Hay 3 receptores hormonales: de estrógenos y progesterona, relacionados con los tumores de mama y para andrógenos, relacionados con tumores de próstata.

14. La NSE es un marcador tumoral:

a) De elevada especificidad y sensibilidad.
b) De especificidad y sensibilidad variable.
c) De baja especificidad y sensibilidad dependiente del estadio.
d) De baja especificidad y sensibilidad.

Respuesta Correcta: b) De especificidad y sensibilidad variable.

La NSE es un marcador de especificidad y sensibilidad variable, en las primeras fases no son válidos, pero en estadios avanzados sí.

15. Los marcadores asociados al tumor:

a) Son producidos como respuesta a la presencia del tumor.
b) Son producidos por las células tumorales.
c) Son producidos por las células eliminadas para controlar la evolución.
d) Todas son ciertas.

Respuesta Correcta: a) Son producidos como respuesta a la presencia del tumor.

Los marcadores asociados al tumor no se producen por el tumor, sin no como respuesta al mismo.

Solución al test n.º 32

1. b) El tabaco.

2. b) Ser fosfolípidos.

3. d) Nos dará una idea de si la enfermedad está controlada.

4. d) Todas son ciertas.

5. d) Se repetirá la determinación al tiempo.

6. b) Guardan relación estructural con las células normales.

7. b) Basal.

8. c) Se encontraban inhibidas antes de la aparición del tumor.

9. a) En el primer año de vida.

10. d) Neuroblastoma.

11. a) CPK BB.

12. b) Dopamina.

13. d) Tiroxina.

14. b) De especificidad y sensibilidad variable.

15. a) Son producidos como respuesta a la presencia del tumor.

TEST N.º 33

**Anatomía y fisiología hepática. Determinaciones analíticas para el estudio de la función hepática.
Marcadores séricos de la enfermedad hepática**

1. Señala el enunciado incorrecto en relación al hígado:

a) Presenta dos capas una superficial, el peritoneo y la profunda denominada cápsula de GlIsson.
b) Su peso oscila entre 500 y 1000 g.
c) En la cara superior se encuentra el ligamento falciforme.
d) La cara inferior del hígado se denomina también cara visceral.

2. La unidad funcional del hígado es:

a) Hepatocito.
b) Lobulillo.
c) Acini.
d) Islotes de Langerhans.

3. Sobre la bilis no es cierto:

a) Interviene en la digestión y absorción de hidratos en el intestino.
b) Contiene agua, bilirrubina, sales biliares, colesterol, fosfolípidos y electrolitos.
c) Uno de sus componentes es la bilirrubina que procede de la degradación de los eritrocitos.
d) La fracción de bilirrubina que permanece en el intestino delgado se transforma en estercobilina.

4. El hígado es el encargado de transformar el amoniaco; compuesto nitrogenado de carácter neurotóxico en:

a) Glucógeno.
b) Bilirrubina.
c) Albúmina.
d) Urea.

5. En el intestino la bilirrubina conjugada se trasforma en:

a) Cortisol.
b) Insulina.
c) Biliverdina.
d) Glucógeno.

6. En las necrosis tisulares tales como embolia pulmonar e infarto pulmonar, ¿qué enzima puede estar aumentada?

a) GPT.
b) ALAT.
c) GOT.
d) GPT.

7. ¿Qué métodos se utilizan para determinación de ALP?

a) Colorimétricos y turbidimétricos.
b) Electroforéticos e inmunológicos.
c) Cromatográficos.
d) Infrarrojos.

8. La leucin aminopeptidasa (LAP) (señala lo incorrecto):

a) Se eleva en enfermedades hepáticas y en las óseas.
b) Junto con el aumento de ALP nos indica trastorno hepático.
c) La LAP se excreta normalmente a la bilis.
d) Si se eleva la LAP indica obstrucción biliar.

9. En el hígado no se sintetiza:

a) Factor Von Wilenbrand.
b) Albúmina.
c) Alfa 1-antitipsina.
d) Protrombina.

10. ¿Cuál es un marcador sérico de obstrucción hepática?

a) GOT.
b) LDH.
c) Fosfatasa alcalina.
d) Ceruloplasmina.

11. El marcador más específico de la fase aguda de la hepatitis B es:

a) HBs Ag.
b) Anti HBc IgM.

c) Anti HBs.
d) HBe Ag.

12. Se puede definir como "patrón de colestasis":

a) A la elevación de la fosfatasa alcalina con disminución de GGT y elevación de AST y ALT.
b) A la disminución de la fosfatasa alcalina hepática, con aumento de GGR, AST y ALT.
c) A la elevación de fosfatasa alcalina junto con la GGT, con niveles normales de AST y ALT.
d) Ninguna es correcta.

En MADTEST tienes **más preguntas de este tema, comentadas y argumentadas**, y todos tus avances quedan registrados y se reflejan en el ranking.

¡Supera tus límites con MADTEST!

A continuación te presentamos algunos ejemplos de preguntas comentadas:

13. ¿Cuál de las siguientes proteínas séricas tiene mayor contenido en cobre y presenta más concentración circulante?

a) Ceruloplasmina.
b) Alfa 1 antitripsina.
c) Globulina.
d) Albúmina.

Respuesta Correcta: a) Ceruloplasmina.

La ceruloplasmina es la proteína sérica de mayor contenido en cobre y también la enzima que presenta más concentración circulante. La ceruloplasmina es una ferroxidasa esencial para que el hierro pase a su estado férrico, lo que le permite unirse a la transferrina.

14. ¿Cuál de las siguientes proteínas plasmáticas actúa como inhibidor de las proteasas?

a) Ceruloplasmina.
b) Alfa 1 antitripsina.
c) Protrombina.
d) Albúmina.

Respuesta Correcta: b) Alfa 1 antitripsina.

La alfa 1 antitripsina (ATT) es la globulina más abundante, es el inhibidor de proteasas en plasma. Aunque su nombre indica que inhibe a la tripsina, también es un inhibidor de otras proteasas, como la elastina.

15. La prueba de la bromosulftaleína (BFS) es de gran valor en el estudio de:

a) La disfunción hepática que cursa con hiperbilirrubinemia intermitente.
b) La actividad de la isoforma CYP3A4 del sistema P450.
c) Los niveles de glucosa en sangre.
d) La bilirrubina directa.

Respuesta Correcta: a) La disfunción hepática que cursa con hiperbilirrubinemia intermitente.

La prueba (BFS) es de gran valor en el estudio de la disfunción hepática que cursa con hiperbilirrubinemia intermitente, como sucede en el síndrome de Dubin-Johnson y síndrome de Rotor, donde tiene carácter diagnóstico definitivo el aumento de la tasa del colorante en sangre a los 120 minutos en relación con el nivel encontrado a los 45 minutos.

Solución al test n.º 33

1. b) Su peso oscila entre 500 y 1000 g.

2. b) Lobulillo.

3. a) Interviene en la digestión y absorción de hidratos en el intestino.

4. d) Urea.

5. c) Biliverdina.

6. c) GOT.

7. b) Electroforéticos e inmunológicos.

8. a) Se eleva en enfermedades hepáticas y en las óseas.

9. a) Factor Von Wilenbrand.

10. c) Fosfatasa alcalina.

11. b) Anti HBc IgM.

12. c) A la elevación de fosfatasa alcalina junto con la GGT, con niveles normales de AST y ALTm.

13. a) Ceruloplasmina.

14. b) Alfa 1 antitripsina.

15. a) La disfunción hepática que cursa con hiperbilirrubinemia intermitente.

TEST N.º 34

Anatomía y fisiología endocrina. Pruebas analíticas para el estudio de la función endocrina. Marcadores séricos de la enfermedad endocrina

1. ¿Cuál de los siguientes es el encargado de coordinar al sistema endocrino y al sistema nervioso periférico?

a) Hipófisis.
b) Hipotálamo.
c) Encéfalo.
d) Bulbo raquídeo.

2. ¿Cómo se denominan las hormonas que se regulan a sí mismas?

a) Autocrina.
b) Paracrina.
c) Endocrina.
d) Neurocrina.

3. ¿Qué hormona es un derivado de los eicosanoides?

a) Andrógenos.
b) Prostaglandina.
c) LH.
d) ACTH.

4. ¿Dónde se localiza la glándula hipófisis?

a) En el lóbulo frontal.
b) En la silla turca silla turca del hueso esfenoides.
c) En la parte media del tiroides.
d) En los senos nasales.

5. Es una hormona sintetizada en la neurohipófisis:

a) CRH.
b) TRH.
c) ADH.
d) ICSH.

6. La oxitocina es una hormona que se sintetiza en el núcleo paraventricular del hipotálamo cuyas funciones principales son:

a) Disminución de la presión arterial y de la frecuencia cardiaca.
b) Expulsión de leche y contracción del miometrio durante el parto.
c) Aumento de la presión arterial y de la frecuencia cardiaca.
d) Ninguna es correcta.

7. La ADH:

a) Tiene efectos vasodilatadores mediados por la contracción del musculo esquelético arterial.
b) Tiene efectos antidiuréticos mediados por la reabsorción renal de agua en los conductos colectores corticales.
c) Estimula la excreción de socio en la porción ascendente del asa de Henle.
d) Todas son correctas.

8. ¿Qué misión tienen las células C neuroectodérmicas de las glándulas tiroideas?

a) Almacenar hierro.
b) Segregar hormona paratiroidea.
c) Segregar calcitonina.
d) Segregar vasopresina.

9. ¿Qué función tienen las hormonas tiroideas?

a) Regular el metabolismo basal.
b) Regular los procesos de crecimiento.
c) Regular la diferenciación de los tejidos.
d) Todas son funciones de las hormonas tiroideas.

10. Mujer de 45 años con niveles de TSH alta, y T3 y T4 libres bajas, se puede considerar que presenta:

a) Hipertiroidismo primario.
b) Hipotiroidismo primario.
c) Hipertiroidismo secundario.
d) Hipotiroidismo secundario.

11. ¿Qué hormona sexual masculina, estimula la espermatogénesis?

a) FSH.
b) LH.
c) Testosterona.
d) Andrógenos.

12. ¿Qué dato analítico presenta mayor interés clínico en la tiroiditis crónica autoinmune?

a) Anticuerpo antitiroglobulina.
b) Anticuerpos peroxidasa.
c) Anticuerpos inhibidores del receptor de la TSH.
d) Anticuerpos estimulantes del tiroides.

En MADTEST tienes **más preguntas de este tema, comentadas y argumentadas**, y todos tus avances quedan registrados y se reflejan en el ranking.

¡Supera tus límites con MADTEST!

A continuación te presentamos algunos ejemplos de preguntas comentadas:

13. Las pruebas de tiroxina T4 se utilizan:

a) Para valorara la función tiroidea.
b) Para valorar la función hipotalámica.
c) Para valorar la función hipofisaria.
d) Para valorar estados hipotiroideos.

Respuesta Correcta: a) Para valorara la función tiroidea.

Las pruebas de tiroxina se utilizan para valorar la función tiroidea. Las concentraciones más altas respecto de lo normal indican estados hipertiroideos y las bajas estados hipotiroideos. T4 y TSH se usan para vigilar el tratamiento de reemplazo tiroideo o el supresor.

14. La presencia de TSI, inmunoglobulina estimulante del tiroides permite diagnosticar:

a) Adenoma tiroideo tóxico.
b) Enfermedad de Graves.

c) Tiroiditis subaguda.

d) Hipotiroidismo.

Respuesta Correcta: b) Enfermedad de Graves.

Las inmunoglobulinas estimulantes de la tiroides (TSI) representan un grupo de inmunoglobulinas G de Ac dirigidos contra el receptor en células tiroideas para la hormona estimulante del tiroides TSH, y se relacionan con enfermedades tiroideas autoinmunitarias como tiroiditis crónica y enfermedad de Graves. Estos autoanticuerpos se unen al receptor de TSH, dando origen a la estimulación de la glándula tiroides independientemente de la estimulación normal por retroalimentación de la hormona estimulante de la tiroides. Esto estimula la liberación de hormonas tiroideas.

15. Las glándulas paparatiroideas:

a) Segregan la parathormona y regulan el metabolismo del calcio y del fósforo.

b) Se encargan de regular el metabolismo del yodo.

c) Regulan el metabolismo basal y los procesos de crecimiento.

d) Son dos y se sitúan junto al tiroides.

Respuesta Correcta: a) Segregan la parathormona y regulan el metabolismo del calcio y del fósforo.

Las glándulas paratiroides sintetizan una hormona de naturaleza peptídica llamada parathormona o hormona paratiroidea (PTH), que interviene en la regulación del metabolismo del calcio y del fosfato.

Solución al test n.º 34

1. b) Hipotálamo.

2. a) Autocrina.

3. b) Prostaglandina.

4. b) En la silla turca silla turca del hueso esfenoides.

5. c) ADH.

6. b) Expulsión de leche y contracción del miometrio durante el parto.

7. b) Tiene efectos antidiuréticos mediados por la reabsorción renal de agua en los conductos colectores corticales.

8. c) Segregar calcitonina.

9. d) Todas son funciones de las hormonas tiroideas.

10. b) Hipotiroidismo primario.

11. a) FSH.

12. a) Anticuerpo antitiroglobulina.

13. a) Para valorara la función tiroidea.

14. b) Enfermedad de Graves.

15. a) Segregan la parathormona y regulan el metabolismo del calcio y del fósforo.

Estudios especiales: Monitorización de fármacos terapéuticos. Detección de drogas de abuso

1. ¿Qué evolución sigue un fármaco una vez administrado?

a) Liberación, distribución, biotransformación, absorción y eliminación.
b) Absorción, liberación, metabolización, distribución y eliminación.
c) Liberación, absorción, distribución, metabolización y eliminación.
d) Liberación, absorción, distribución, metabolización, eliminación y biotransformación.

2. El movimiento de un fármaco desde el sitio de administración al torrente sanguíneo se denomina:

a) Absorción.
b) Distribución.
c) Liberación.
d) Excreción.

3. Los fármacos cuando se distribuye desde la circulación sanguínea hasta los tejidos corporales, lo hacen unidos a proteínas; señala lo correcto:

a) La albumina es una proteína transportadora de fármacos.
b) Cuando el fármaco se presenta en forma libre en la circulación ejerce su acción.
c) Cuando el fármaco está unido a las proteínas transportadoras actúa como reservorio.
d) Todas son correctas.

4. La biotransformación de un fármaco ocurre en dos fases. Señala qué tipo de reacción NO se produce en la fase I:

a) Reacciones de conjugación.
b) Reacciones de oxidación.
c) Reacciones de reducción.
d) Reacciones de hidrólisis.

5. El rango de concentraciones en las que el fármaco es eficaz y se observa un mínimo de efectos adversos siendo la zona de los medicamentos entre la dosis mínima y la dosis máxima se denomina:

a) Dosis de mantenimiento.
b) Dosis letal.
c) Margen de seguridad.
d) Toma.

6. Denominamos periodo de latencia:

a) Al tiempo transcurrido entre en el momento en el que se alcanza la concentración mínima eficaz y el momento en que desciende por debajo de dicha concentración.
b) Al tiempo que transcurre desde el momento de administración hasta que se inicia el efecto farmacológico.
c) Todas son ciertas.
d) Ninguna es cierta.

7. El índice terapéutico:

a) Es la cantidad de fármaco que tiene efectos terapéuticos, que son los deseados.
b) Es la proporción entre la dosis letal y la dosis terapéutica.
c) Es la cantidad de fármaco que hace su efecto.
d) Es la cantidad de fármaco que no produce un efecto tóxico ni deseado.

8. Denominamos dosis terapéutica:

a) A la cantidad de fármaco que provoca la muerte al 5 % de los pacientes a los a que se administra.
b) A la proporción entre la dosis letal y terapéutica.
c) A la cantidad de fármaco que produce un efecto tóxico.
d) A la cantidad de fármaco que tiene efectos terapéuticos, que son los deseados.

9. La muestra para monitorización de fármacos recogidas en el pico son:

a) Muestra extraída cuando se alcanza la concentración plasmática máxima.
b) Muestra extraída inmediatamente antes de la administración de la dosis siguiente.
c) Muestra donde se obtiene información sobre la eliminación corporal del medicamento.
d) Todas son correctas.

10. La muestra para monitorización de fármacos recogidas en el valle son:

a) Muestra extraída cuando se alcanza la concentración plasmática máxima.
b) Muestra extraída inmediatamente antes de la administración de la dosis siguiente.
c) Muestras donde se obtiene información sobre la eliminación corporal del medicamento.
d) Todas son correctas.

11. La teofilina es:

a) Un antibiótico.
b) Un antiepiléptico.
c) Un antineoplásico.
d) Un antiasmático.

12. ¿Cuál es la muestra más utilizada en monitorización de fármacos?

a) Orina.
b) Suero.
c) Sangre total.
d) Todas son correctas.

En MADTEST tienes **más preguntas de este tema, comentadas y argumentadas**, y todos tus avances quedan registrados y se reflejan en el ranking.

¡Supera tus límites con MADTEST!

A continuación te presentamos algunos ejemplos de preguntas comentadas:

13. De los fármacos que enunciamos a continuación, ¿en cuál se realiza una medición de valle y otra de pico?

a) En la digoxina.
b) En el ácido valproico.
c) En la amikacina.
d) En el litio.

Respuesta Correcta: c) Amikacina.

De los fármacos citados solo la amikacina necesita dos muestras para su monitorización: en valle y pico.

14. La digoxina es:

a) Un inmunosupresor.
b) Un cardiotrópico.
c) Un anticonvulsivo.
d) Un antibiótico.

Respuesta Correcta: b) Un cardiotrópico.

La digoxina es un fármaco cardioactivo. La digoxina es un fármaco con un estrecho rango terapéutico, por lo que es recomendable la monitorización de sus concentraciones en sangre, que han de encontrarse entre 0,8 y 2 ng/mL (1-2,5 nmol/L). En la ICC hay una evidencia creciente a recomendar concentraciones séricas de digoxina (CSD) más bajas, entre 0,5-1 ng/ml.

15. Son fármacos antineoplásicos:

a) Lidocaína.
b) Metotrexato.
c) Digoxina.
d) Haloperidol.

Respuesta Correcta: b) Metotrexato.

Para fármacos como el metotrexato que es un citostático (antineoplásico), es importante conocer las características farmagenómicas de los pacientes, que pueden condicionar el metabolismo del medicamento.

Solución al test n.º 35

1. c) Liberación, absorción, distribución, metabolización y eliminación.

2. a) Absorción.

3. d) Todas son correctas.

4. a) Reacciones de conjugación.

5. c) Margen de seguridad.

6. b) Al tiempo que transcurre desde el momento de administración hasta que se inicia el efecto farmacológico.

7. b) Es la proporción entre la dosis letal y la dosis terapéutica.

8. d) A la cantidad de fármacos que tiene efectos terapéuticos, que son los deseados.

9. a) Muestra extraída cuando se alcanza la concentración plasmática máxima.

10. b) Muestra extraída inmediatamente antes de la administración de la dosis siguiente.

11. d) Un antiasmático.

12. b) Suero.

13. c) Amikacina.

14. b) Un cardiotrópico.

15. b) Metotrexato.

TEST N.º 36

Estudio de las heces: características organolépticas de las heces y determinación de sustancias eliminadas por las heces. Estudio de la orina: fisiopatología de la orina y determinación de sustancias eliminadas por orina. Análisis del sedimento urinario

1. La función protectora de la saliva se basa en la acción de la:

a) Lisozima.
b) Ptialina.
c) Moco.
d) Todas son ciertas.

2. ¿Cuál de las siguientes afirmaciones sobre el esófago es falsa?

a) Presenta una longitud de unos 23-25 cm.
b) Presenta una estenosis.
c) Presenta glándulas mucosas.
d) Es un órgano de paso, su función es transportar el bolo alimenticio de la boca al estómago.

3. Los movimientos anulares del intestino se conocen como movimientos:

a) Segmentarios.
b) Propulsión.
c) Pendular.
d) Peristáltico.

4. El páncreas presenta cúmulos de células que se conocen como:

a) Islotes alfa.
b) Cabeza.
c) Acinis glandulares.
d) Bases.

5. La cápsula de Glisson envuelve:

a) El páncreas.
b) Los riñones.
c) El hígado.
d) El bazo.

6. El órgano principal del aparato urinario es:

a) Uretra.
b) Vejiga.
c) Uréter.
d) Riñón.

7. El túbulo conector:

a) Conduce la orina a los cálices renales.
b) Reabsorbe sodio.
c) Es la parte delgada del aparato.
d) Sigue al asa de Henle.

8. La capa adventicia de los uréteres se encuentra:

a) En el interior.
b) En el exterior.
c) En el medio.
d) NO existe.

9. La parte de la uretra que desemboca en el meato masculino se denomina:

a) Prostática.
b) Membranosa.
c) Cavernosa
d) Final.

10. Un paciente tratado con propofol puede presentar una orina:

a) Amarillenta.
b) Rojiza.
c) Parda.
d) Verdosa.

11. El olor característico de la orina se debe a:

a) Ácidos orgánicos.
b) Nitrógeno.

c) Amoniaco.
d) Cuerpos cetónicos.

12. La orina de la mañana es más densa por:

a) La presencia de proteínas abundantes.
b) La menor ingesta de líquidos.
c) La menor concentración de albúmina.
d) La orina no presenta mayor densidad por la mañana.

En MADTEST tienes **más preguntas de este tema, comentadas y argumentadas**, y todos tus avances quedan registrados y se reflejan en el ranking.

¡Supera tus límites con MADTEST!

A continuación te presentamos algunos ejemplos de preguntas comentadas:

13. Los reactivos para determinar el pH urinario mediante tira reactiva son:

a) Rojo de metilo y azul de bromotimol.
b) Verde Jano y azul de metileno.
c) Rojo de indol.
d) Verde Jano y amarillo de cresil.

Respuesta Correcta: a) Rojo de metilo y azul de bromotimol.

Las tiras reactivas para la determinación del pH urinario suelen ser múltiples, pudiendo obtener diferentes valores de varias sustancias de forma simultánea; en el caso del pH los reactivos serán rojo de metilo y azul de bromotimol.

14. La proteinuria de 3 g/24 h será considerada como:

a) Intensa.
b) Elevada.
c) Baja.
d) Normal.

Respuesta Correcta: b) Elevada.

Los valores de normalidad de la proteinuria se sitúan alrededor de los 100 mg/24 h, con valores superiores se considera una proteinuria elevada y si supera los 4 g/24 h se considerará intensa.

15. Las tiras reactivas van a determinar:

a) Las proteínas alfa.
b) Las globulinas beta.
c) La albúmina.
d) Cualquier proteína.

Respuesta Correcta: c) La albúmina.

Las tiras reactivas para determinar las proteínas se basan en el reactivo de azul de tetrabromofenol, que cambiará de amarillo a verde azulado dependiendo de la cantidad de proteínas presentes, pero hay que tener en cuenta que los resultados se basarán en la cantidad de albúmina presente.

Solución al test n.º 36

1. a) Lisozima.

2. b) Presenta una estenosis.

3. a) Segmentarios.

4. c) Acinis glandulares.

5. c) El hígado.

6. d) Riñón.

7. a) Conduce la orina a los cálices renales.

8. b) En el exterior.

9. c) Cavernosa.

10. d) Verdosa.

11. a) Ácidos orgánicos.

12. b) La menor ingesta de líquidos.

13. a) Rojo de metilo y azul de bromotimol.

14. b) Elevada.

15. c) La albúmina.

Estudio de otros líquidos corporales: líquido cefalorraquídeo, líquido sinovial, líquido seminal. Líquidos pleurales, pericárdicos y peritoneales

1. ¿Cuál de las siguientes afirmaciones describe correctamente la composición del semen analizado en un espermiograma?

a) El semen está formado exclusivamente por espermatozoides activos.
b) Solo contiene secreciones prostáticas y epididimarias.
c) Está formado por una fase celular de espermatozoides y una fase líquida compuesta por seis secreciones diferentes.
d) Es un líquido homogéneo sin diferenciación funcional ni estructural.

2. ¿Cuál de las siguientes afirmaciones sobre la valoración preanalítica del semen es correcta?

a) El semen se considera normal si presenta color amarillo intenso, sin necesidad de más pruebas.
b) No es necesario registrar el volumen ni el aspecto de la muestra siempre que esté identificada.
c) La muestra debe licuarse en las primeras dos horas, o será desechada.
d) El volumen normal de semen debe superar 1,5 ml y el análisis incluye características como color, olor, viscosidad y licuefacción.

3. ¿Cuál de los siguientes componentes del semen tiene su origen en las vesículas seminales y constituye la principal fuente de energía para los espermatozoides?

a) Ácido cítrico.
b) Zinc.
c) Fructosa.
d) Carnitina.

4. ¿Qué valor de pH es indicativo de un semen bioquímicamente normal según los parámetros de referencia?

a) pH entre 6,0 y 6,5.
b) pH entre 7,2 y 7,8.

c) pH inferior a 7,0.
d) pH superior a 8,5.

5. ¿Qué valor de referencia establece la OMS como concentración mínima normal de espermatozoides por mililitro de semen?

a) >15 millones/ml.
b) >5 millones/ml.
c) >25 millones/ml.
d) >50 millones/ml.

6. ¿Qué indica la presencia de aglutinaciones de espermatozoides móviles observadas al microscopio?

a) Contaminación por células epiteliales.
b) Posible presencia de anticuerpos antiespermatozoides.
c) Defecto en la técnica de dilución.
d) Fragmentación espermática irreversible.

7. ¿Qué técnica permite distinguir los leucocitos de otras células redondas en una muestra seminal?

a) Tinción de Gram.
b) Tinción de peroxidasa.
c) Tinción de azul de metileno.
d) Inmunofluorescencia.

8. ¿Cuál es el valor de referencia mínimo que establece la OMS para la movilidad progresiva (PR) de los espermatozoides en una muestra seminal?

a) 20 %.
b) 32 %.
c) 50 %.
d) 40 %.

9. ¿Qué tipo de espermatozoides se clasifican como de movilidad no progresiva (NP)?

a) Aquellos con velocidad rectilínea elevada.
b) Los que no presentan ningún tipo de movimiento.
c) Los que se mueven sin avanzar en distancia.
d) Los que tienen movimiento tipo sacacorchos.

10. ¿Qué recurso se utiliza actualmente para analizar de forma automatizada la movilidad espermática y sus parámetros cinéticos?

a) Cámara de Neubauer.
b) ASAC (Análisis Seminal Asistido por Computadora).

c) Cámara de Petri.
d) Sistema PCR.

11. ¿Qué grado de movilidad espermática corresponde a un movimiento rápido y rectilíneo con actividad visible de la cola?

a) Grado 0 o tipo D.
b) Grado I o tipo C.
c) Grado II o tipo B.
d) Grado III o tipo A.

12. ¿Qué precaución técnica debe tomarse antes de evaluar la movilidad espermática al microscopio?

a) Filtrar la muestra con jeringa y filtro.
b) Atemperar la muestra y homogeneizarla mediante pipeteo u agitación orbital.
c) Congelar la muestra antes de analizar.
d) Eliminar las formas inmóviles para mejorar la visión.

En MADTEST tienes **más preguntas de este tema, comentadas y argumentadas**, y todos tus avances quedan registrados y se reflejan en el ranking.

¡Supera tus límites con MADTEST!

A continuación te presentamos algunos ejemplos de preguntas comentadas:

13. ¿Qué porcentaje máximo de formas anormales de espermatozoides se considera fisiológicamente aceptable en un individuo sano?

a) 50 %.
b) 30 %.
c) 10 %.
d) 5 %.

Respuesta Correcta: b) 30 %.

En un individuo sano, hasta un 30 % de los espermatozoides pueden presentar alteraciones morfológicas (como colas dobles, cabezas anómalas o tamaño irregular) sin que esto afecte necesariamente a la fertilidad. Superar este umbral puede comprometer la capacidad fecundante del semen, ya que las anomalías pueden afectar la movilidad, la capacidad de penetración o la integridad genética del gameto.

14. ¿Cuál de las siguientes técnicas de tinción permite estudiar la morfología espermática y utiliza una combinación final de xilol y alcohol?

a) Papanicolaou.
b) Giemsa.
c) Tinción de Shorr.
d) Azul de metileno.

Respuesta Correcta: c) Tinción de Shorr.

La tinción de Shorr es un método específico para la evaluación morfológica de espermatozoides. Incluye pasos como la fijación con alcohol-éter, tinción con hematoxilina de Harris y lavado final con soluciones de etanol y una mezcla de xilol y alcohol. Este protocolo permite observar con claridad las estructuras del espermatozoide, facilitando la identificación de anomalías morfológicas en cabeza, pieza intermedia y cola.

15. ¿Cuál es el principio fundamental de la tinción vital con eosina-nigrosina en el estudio de la vitalidad espermática?

a) Todos los espermatozoides absorben color si están vivos.
b) Los espermatozoides móviles se tiñen de azul y los inmóviles de negro.
c) Los vivos aparecen teñidos de rosa y los muertos sin teñir.
d) Los espermatozoides muertos se tiñen de rosa y los vivos permanecen sin teñir sobre un fondo negro.

Respuesta Correcta: d) Los espermatozoides muertos se tiñen de rosa y los vivos permanecen sin teñir sobre un fondo negro.

La tinción eosina–nigrosina es una técnica clásica para diferenciar células espermáticas vivas de muertas mediante la integridad de la membrana plasmática. La eosina penetra en los espermatozoides muertos, tiñéndolos de rosa, mientras que los vivos mantienen la membrana intacta y no absorben el tinte, permaneciendo incoloros sobre un fondo negro generado por la nigrosina. Esta prueba es útil cuando la muestra contiene una proporción elevada de formas inmóviles.

Solución al test n.º 37

1. c) Está formado por una fase celular de espermatozoides y una fase líquida compuesta por seis secreciones diferentes.

2. d) El volumen normal de semen debe superar 1,5 ml y el análisis incluye características como color, olor, viscosidad y licuefacción.

3. c) Fructosa.

4. b) pH entre 7,2 y 7,8.

5. a) >15 millones/ml.

6. b) Posible presencia de anticuerpos antiespermatozoides.

7. b) Tinción de peroxidasa.

8. b) 32 %.

9. c) Los que se mueven sin avanzar en distancia.

10. b) ASAC (Análisis Seminal Asistido por Computadora).

11. d) Grado III o tipo A.

12. b) Atemperar la muestra y homogeneizarla mediante pipeteo u agitación orbital.

13. b) 30 %.

14. c) Tinción de Shorr.

15. d) Los espermatozoides muertos se tiñen de rosa y los vivos permanecen sin teñir sobre un fondo negro.

Cómo acceder al Curso

Técnico/a Especialista en Laboratorio
Test del temario

El uso de los códigos **es exclusivo de los compradores de los productos de Editorial MAD**. Cada producto posee un código único y de un solo uso. Es personal e intransferible y da acceso a servicios y contenidos adicionales. Editorial MAD se reserva el derecho de hacer cuantas comprobaciones sean necesarias para identificar al legítimo poseedor del código y dejar de dar servicio a quien haga uso fraudulento del mismo, además de emprender cuantas acciones legales estime oportunas según la legislación vigente.

Deberás acceder a:

mad.es/registro-campus

Si una vez aceptadas las condiciones de uso del Campus decides hacer uso del mismo, necesitarás del siguiente código de acceso junto con los códigos del resto de títulos que se exigen (si fuera el caso):

YTF1UMB6EJ